about 关于

想开一家买手店

小红书 / 编

北京联合出版公司

主　编 Editor-in-Chief	邓　超
总 监 制 Supervising Producer	卢梦超
执行主编 Executive Editor in Chief	杨　慧
平面设计 Designer	黄梦真 / 黄文诗
封面设计 Cover Designer	黄梦真 / 杨和唐
多媒体设计 Multimedia Designer	董照展 / 付　蔚 / 余　果 胡子健 / 朱雨婷
平面摄影 Photographer	何　佳 / 林旷羽
以下朋友对此书亦有贡献 Special Thanks	黄　莉 / 陈　晗 / 黄洁娴 郑欣美 / 王　亮 / 张陈景 谭　超 / 李　亚 / 周雨佳 马云洁 / 吴灏明 / 黄　婳 陈翌锋 / 桑楚雄 / 辛　然 姜　帆 / 周　义

CONTENT 目录

(卷首语)

Section 1
从模式到思路

我们为何重新讨论买手店	03—12
买手店不完全名录	13—27
UNITED ARROWS: 买手需要看到未来	28—43
Klin d'oeil: 从市集生长出的社区店	44—53
森冈书店： 何不做减法	54—62

Section 2
中国的新浪潮

中国买手店生态报告： 风起、潮落与新趋势	65—75
"示场" THE MARKETPLACE: 让一切自然发生	76—88
我们身边的那些"小店"	89—101
静悄悄的直播间，一扇新的橱窗	102—108

Section 3
开店启示录

想开一家买手店 A to Z	111—134
买手与买手店 FAQs	135—142
精神情绪板 Regular	143—144

Preface　　　　　　　　　　卷首语

买手不生产物品，买手只是风格的传递者。

对很多人来说，买手这个概念的迷人之处，在于将自己的风格取向通过对物品的挑选、组合传递出去。这里，我更愿意用"传递"而非"传播"。

相对而言，传播是单向的，暗含着自上而下的强制性，而传递是双向的，更多带着平视的感觉。但有一点微妙的是，即便是传递，也需要一方作为上游先行发起，直至遇到愿意为之买单的人，才算完成一次真正的传递过程。买手作为商业链条的上游，看似主动实则被动，他们挑选了商品，也等待着被消费者再次挑选。支撑他们走下去的，除了对风格的直觉，还需要专业度和一些信念感。

这就涉及传播和传递的另一个区别，传播通常以效率优先，相对会看短期回报，而传递更多追求效果，相对更关注长期影响。尤其对于风格这种抽象的概念来说，传递很难一蹴而就，需要持续地抒发、引领，甚至是培养。培养不是1:1复制，是开启某种心智，待其分化、融合、生长。所以传递如同照顾一颗种子，需要兼顾未来。

就像我第一次步入连卡佛的时候，并未意识到这是一家不同于传统商场的买手店，因为当时的我尚未开启追求衣着风格的心智，没有打开这类信息的接收器。反而是作为建筑师的时候，在 Pinterest 上浏览到一个和我日常生活相关的视觉专辑，可以同理那份风格并心生向往，也愿意将这份风格传递给更多人。当然，这轮传递是形不同而神似的，会融合进经过内化的、独属于我自己的风格。

回到我们的生活中，只要有在用心关注的地方，就有风格生长的空间，就有传递的契机，所以我们每一个人都可以成为传递者，成为自己思想与生活的买手，也成为彼此的买手。

主编
Editor-in-Chief
CHAOS

Section 1 From Business Model to Operational Mindset

p01—62

从模式到思路

（想开一家买手店 Create an Imaginative Select Shop）

我们为何重新讨论买手店

撰稿 黄迪 | 编辑 杨慧

几乎所有的时尚学院在阐述"时尚趋势"时，都会提到一个名词——Zeitgeist。根据韦氏词典，其含义是指一个时代整体的智识、道德或文化氛围（The general intellectual, moral, and cultural climate of an era），常被翻译为"时代精神"。人们对时代精神做出的回应，可以是一次里程碑式的社会事件、一次具有影响力的演讲、一个改变人们生活方式的发明，但更多时候，这种时代精神潜移默化地融入大众的衣食住行，以时尚潮流的形式出现。

作为凝聚潮流元素与文化的物理空间，买手店的起源和发展也是一部浓缩的时代精神进化史，从欧洲蔓延至全球，买手店的形态不断演变，关于买手店的定义也在持续更迭。德国社会学家齐奥尔格·西美尔在《时尚的哲学》中提到："时尚已经超越了它原先只局限于穿着外观的界域，而以变幻多样的形式不断增强对品味、理论信念，乃至生活中道德基础的影响。"因此，我们暂时以偏概全，以"时尚买手店"来指代"买手店"这个大类别，系统梳理它的来龙去脉，同时一窥买手店概念的本质。

潮起：

从时尚买手店说起

买手店的雏形起源于欧洲。19 世纪末，在第二次工业革命的带动下，巴黎、伦敦等城市消费需求提升，时尚和文化产业蓬勃发展，小而精致的时尚综合商店 "Boutique" 逐渐涌现。它们往往由个人经营，店主常兼任着设计、采购甚至销售等职责。同时，这类店铺有着明显区别于传统商店的特点——以店主自身的审美为出发点，除了贩售商品本身，还常常以文化艺术等方式提供商品以外的东西，从而影响社会审美流向。

伦敦老牌商店利宝百货（Liberty）正是在这波浪潮中诞生的。1875 年，创始人阿瑟·利宝（Arthur Liberty）在摄政街开设了以自己名字命名的精品店，主要出售来自东方的织物和工艺品。随后约十年间，他又持续与前卫设计师合作，开发出大量具有新艺术风格（Art Nouveau）的印花面料与家居用品，并且以适度的定价让这种"打破贵族与平民艺术壁垒"的新风潮迅速融入大众生活。一种倡导通俗文化的精神取向通过这样的消费场所传播开来，潜移默化影响着社会意识。与其说是商店，这里更像是艺廊，作为常客的奥斯卡·王尔德（Oscar Wilde）称其为"艺术购物者的首选胜地"（Liberty is the chosen resort of the artistic shopper）。如今，利宝百货已发展成综合性买手制百货商店，经营范围涵盖家居、服饰、配饰、日常用品等，并且延续传统，重视原创设计、文化合作与艺术策展。

时间进入到 20 世纪 60 年代，买手店的体系更为成熟，"放大器"作用也变得更加明显。以意大利精品买手店 LuisaViaRoma 为例，自家族第三代继承人安德烈亚·潘科内西（Andrea Panconesi）执任买手业务开始，大胆引入 Balenciaga、Givenchy、Saint Laurent、Balmain 等品牌的新系列，并且在巴黎发掘到彼时还在留学的高田贤三，成功将 Kenzo 引入欧洲市场。20 世纪 80 年代，LuisaViaRoma 还推动创办了首个融合艺术、时尚和音乐的杂志 *Westuff*，时任编辑之一的斯特凡诺·通奇（Stefano Tonchi）后来成为时尚领域的关键人物。这些做法已经明显超过了一家商店的业务范畴，买手店开始承担起某种意义上"媒体"的角色。

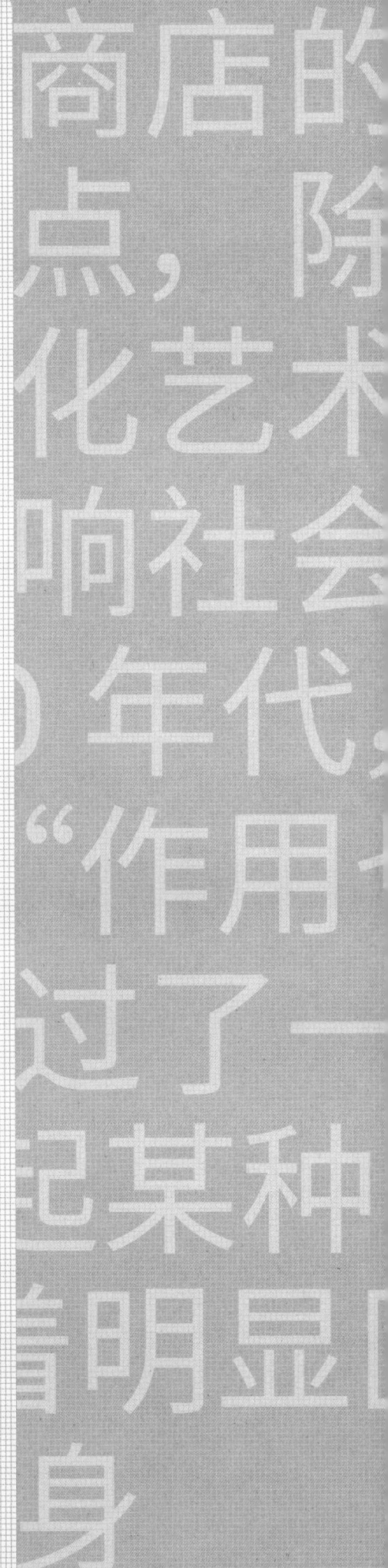

05　　我们为何重新讨论买手店

至 20 世纪 90 年代，买手店模式在世界各地普及，其业内界定标准已基本成型，可以概括为：遵循时尚行业的商业运作模式，区别于单一品牌销售，以买手式经营为核心的店铺。那么问题来了，什么是买手式经营？按照市场现有样本，大体可以分为三类。

第一类

以巴黎 L'Eclaireur 为代表的"纯买手店"。这类店铺依靠店主或团队买手，在全球采购符合本地消费者审美习惯和时尚潮流的产品。从进货渠道来看，这类买手店的货源主要来自以各大时装周为依托的订货会（Showroom），货品以买断为主，但不排除有部分货品采用寄售形式（买手店在商品销售后获得一定分成，季末滞销的货品会退还给设计师）。这种合作模式为买手店降低了销售风险，但也会带来商品的局限性。

第二类

以连卡佛、巴黎老佛爷为代表的买手制百货。这类店铺采用中央买手制操盘，买手专业团队为其在全世界搜寻合适的商品，保证一定比例的商品在当地店内是独家销售的。在这样的模式下，买手的决策直接影响了商品的周转率、库存成本和运转灵活度。

第三类

代理合作式买手店，典型代表有 I.T 和 Dover Street Market。它们除了买断品牌商品外，还拥有部分品牌的代理权，通过售卖提成、股权参与、开设合资公司等方式，与品牌建立长期合作。I.T 在 2021 年收购旗下拥有 A BATHING APE、BAPE 等品牌的 Nowhere 集团就是典型案例。

在满足以上条件的前提下，无论从店铺规模还是文化属性来看，买手店都没有统一的标准和规范。从连卡佛这样可以盘踞一整栋楼的买手制百货店，到日本 BEAMS 这种拥有数十家店铺的连锁品牌，再到隐藏在生活社区里的小店，都可以被纳入买手店的范畴。它们用别具一格的视觉形象和品牌组合，在特定的消费群落中制造出影响力。

千禧年后，伴随着社交媒体的发展，买手店的影响力从本土扩大至国际。时尚爱好者们甚至会因为想去某个买手店"朝拜"，而专程前往它所在的城市。于是，买手店成为城市时尚消费品位的指标之一。这一时期新成立的买手店中不乏一些佼佼者，比如成立于 2002 年的 Opening Ceremony，它不但将实体店铺做成可体验的时尚展馆，也将线上店铺做成可以随时订阅的时尚杂志，其具有鲜明个人特色的店员更是零售界的一块金字招牌。作家、滑板手盖伦·德康佩（Galen Dekemper）曾担任 Opening Ceremony 店铺仓库总监一职，他的工作是高效调配每一件商品，以确保销售能在最短的时间内为顾客提供精准的产品。"这里是一块培育人才的土壤，主理人会经常邀请品牌市场人员甚至设计师本人到店培训，以确保销售人员掌握的品牌知识比大部分时尚爱好者更丰富，这也正是买手店区别于百货公司或网店的地方——理想的买手店不仅是卖货场域，也是时尚的庇护所、一所创意学校和很多人的精神家园。"

与此同时，年轻人对时尚的理解更加多样化，服务于各种细分人群的小众买手店方兴未艾，例如以球鞋收藏见长的 KITH、专门提供高定服务的 Les Suites、暗黑风的 Darklands……买手店如同这个瞬息万变的大时代的小缩影，裹挟着截然不同的生活方式，成为文化部落的栖息地。

潮退：关店启示录

2017 年，巴黎传奇买手店 Colette 通过社交媒体宣布将于 12 月 20 日永久停业，这间深受卡尔·拉格斐（Karl Lagerfeld）等时尚权威偏爱的店铺在它成立 20 年之际谢幕，似乎预示着一个时代的终结。随后，世界范围内的"闭店潮"持续蔓延。同年，中国元老级买手店 Triple-Major 宣布关闭上海店；2019 年，进入中国近六年的 10 Corso Como 关闭上海店，正式退出中国市场；2020 年，Opening Ceremony 宣布关闭全球所有门店并转至线上经营……

其实这波凶猛的"退潮"早已有迹可循。一方面，2010 年之前，买手店在信息壁垒极大的时尚行业中扮演着风向标角色，总能"快人一步"将各大时装周的最新趋势呈现出来。但伴随着网络平台的发展，消费者可以随时追踪任何品牌的最新动向，买手店无法再填补二者之间的信息差。另一方面，买手店和时尚杂志一样曾代表着某种"权威"——如果某个初创品牌能被著名买手店挂上橱窗，或许可以一夜成名或多经营几季。而如今，线上渠道日渐成熟，品牌自运营的网店不但降低了设计师的推广成本，也让一批时尚意见领袖自发承担起"买手"的职责——尤其在电商市场最成熟的中国。

2023 年"双十一"期间，定位为"美护买手"的章小蕙和定位为"时尚买手"的董洁，在小红书平台的单场直播销售额均突破亿元关卡。这是什么概念呢？Colette 在巅峰期的年销售额约 2 亿元，这已是令业内艳羡的成绩。而两位买手在"双十一"的销售总和就超过了这一业绩。这样看来，不论是从成本还是收益来考量，线上买手生意似乎已经全面碾压线下，可这并不意味着线下店失去了存在的意义，甚至在一轮洗牌调整之后，那些更能提供不可替代性价值的店铺开始了新一轮发展。

我们为何重新讨论买手店

尽管买手制的经营模式并不是现代产物,但作为拥有一个特定称谓的概念,人们对买手店的关注没有减退。在小红书平台,"买手店"相关笔记超过百万篇,其中"买手店如何赚钱""买手店寄售""买手店拿货"等经营类话题排名靠前。此表现足以证明,人们依旧热衷于讨论买手店,只是在行业迎来洗牌的时刻,一些新趋势、新思路构成了新一代的买手店生态。

趋势一
从"一竿货"到完整的生活体验

"未来的买手店可能更像是一个会面的地方,一个能够激发灵感、让人们无限幻想而且充满惊喜的地方。"L'Eclaireur 品牌的创始人阿尔芒·阿迪达(Armand Hadida)曾经这样描述他的构想。与之类似,位于上海桃江路的 LMDS,主理人埃里克·杨(Eric Yang)对这家店铺的定义也并非只是买手店,更是一个融合上海气质和国际视野的社交目的地。这座位于"梧桐区"的优雅建筑,除了服装区域,还包括了图书专区和室内外咖啡店。对于顾客来说,这里也不仅是零售场所,更是复合型时尚地标和一站式生活体验空间。

趋势二
不只是模式，更是一种运营思路

某个潮流出现的早期，往往也是个人主义盛行的阶段。一些先行者开疆辟土，用前瞻的视角和先行的勇气成为某个领域的先锋，他们的追随者为商品的稀缺性与自身的时尚信仰买单。这也是为什么 1.0 时代的买手店总带有鲜明的创始人标签，Dover Street Market（川久保玲）、Opening Ceremony［卡罗尔·李和温贝托·梁（Carol Lim & Humberto Leon）］、ALTER（Sonja 龙霄）都是这样的例子。他们以个人品味作为选款的基调，遵循的是传统零售店铺"存货—购买—去库存"的流程。

而在新零售时代，买手店更多是一种运营思路，这种思路的商业价值也逐渐被跨行业企业或机构认可。拿国内近年的例子来说，2017 年零售业龙头百联股份推出买手店 the bálancing；由时尚电商转型为全渠道平台的 LOOKNOW 在 2019 年开设第一家线下店；2020 年复星集团推出买手店 ON/OFF；2023 年潮流买手店 Solestage 获得泡泡玛特数千万元投资；北京 SKP 和上海芮欧百货分别推出自营买手店 SKP SELECT 和 Assemble by Réel……这些资本隐于幕后，押宝的是买手店联合零售模式（Co-Retailing）潜在的孵化器功能。买手店不仅可以用丰富的产品线和品牌组合提升客流，还可以在新的消费趋势下进行系统性互补，这是传统单品牌销售模式所无法具备的优势。

值得注意的是，除了资本，还有依靠影响力入局的新玩家，典型代表是各类媒体机构。2021年，《卷宗 Wallpaper*》杂志在上海开设首家实体店 WallpaperSTORE*；2022年，潮流媒体 Hypebeast 于纽约开设首家买手店 HBX；2023年，*Monocle* 杂志在香港机场开设 Monocle Shop 新店。这些媒体都在各自领域积累了从品牌到用户的全链条资源，自我完成从"种草"到消费的闭环，几乎颠覆了之前的"游戏规则"。

趋势三
从商圈回到街区

德国哲学家本雅明把"游荡的人"和巴黎有屋顶的商业街道联系在一起，他在著作《拱廊计划》中提到："漫步者的闲逛是城市的最初表现之一。"伴随着 Citywalk 流行，买手店的选址也开始从繁华商圈转移到具有活力的街区，这个变化一方面是因为人们的购物习惯和消费需求发生了变化，另一方面也是由城市规划和商业环境变化所驱动的。

LOOKNOW 创始人严明曾在一次演讲中用"窗、门、小广场"来分别描述自家的街边店铺。窗——直观展现"我是谁"；门——邀请公众进入私人空间；小广场——将私人空间让渡给公众。当一家买手店不再单一追求交易或概念表达，回归到作为社会生态的一个普通子单元时，或许才能真正沉淀为城市文化和大众生活的一部分。

本篇文章中提及的买手店	
店名	所属国家及城市（首店）
Liberty	英国，伦敦
LuisaViaRoma	意大利，佛罗伦萨
L'Eclaireur	法国，巴黎
连卡佛	中国，香港
老佛爷百货	法国，巴黎
I.T	中国，香港
Dover Street Market	英国，伦敦
BEAMS	日本，东京
Opening Ceremony	美国，纽约
Kith	美国，纽约
Les Suites	法国，巴黎
Darklands	德国，柏林
Colette	法国，巴黎
Triple-Major	中国，北京
10 Corso Como	意大利，米兰
ALTER	中国，上海
the bálancing	中国，上海
LOOKNOW	中国，上海
ON/OFF	中国，上海
Solestage	美国，洛杉矶
SKP SELECT	中国，北京
Assemble by Réel	中国，上海
WallpaperSTORE*	中国，上海
HBX	美国，纽约
Monocle Shop	英国，伦敦

买手店不完全名录

Europe / America
Africa / Oceania
Asia

撰文 郑欣美 黄迪 | 编辑 刘浩堂 杨慧

买手店不完全名录

欧洲 Europe

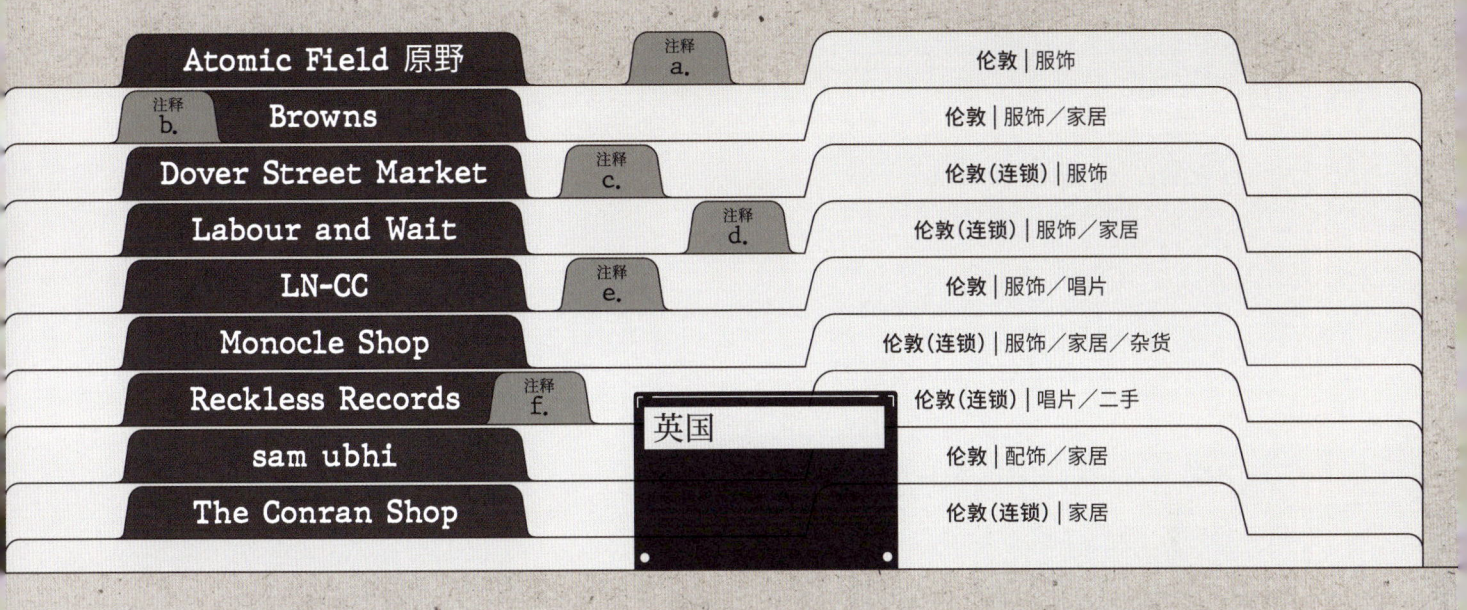

名称	注释	地点 / 类别
Atomic Field 原野	注释 a.	伦敦｜服饰
Browns	注释 b.	伦敦｜服饰／家居
Dover Street Market	注释 c.	伦敦(连锁)｜服饰
Labour and Wait	注释 d.	伦敦(连锁)｜服饰／家居
LN-CC	注释 e.	伦敦｜服饰／唱片
Monocle Shop		伦敦(连锁)｜服饰／家居／杂货
Reckless Records	注释 f.	伦敦(连锁)｜唱片／二手
sam ubhi		伦敦｜配饰／家居
The Conran Shop		伦敦(连锁)｜家居

英国

a 专注于通过服饰阐释东方美学的买手店，在选品上很好地兼顾了东西方审美平衡。

b 创立于 1970 年，创始人琼·伯斯坦（Joan Burstein）是一名传奇时装买手，被誉为 Alexander McQueen、John Galliano、Gareth Pugh 等品牌的第一推手，也是将 Giorgio Armani、Comme des Garçons、Jil Sander、Donna Karen、Calvin Klein 等品牌带入英国的人。2015 年，Browns 被时尚电商 Farfetch 收购。

c 坐落于伦敦 Dover 街的多品牌集成买手店，由川久保玲于 2004 年创办，初衷是"建立一个让多元文化相遇并碰撞出新意念的平台"，如今已在全球开设多间店铺。

d 创立于 2000 年，店名取自诗人朗费罗《人生颂》中的诗句 "Learn to labor and to wait"（学会劳动和等待）。店内专门贩售日常生活用品和厨房、园艺工具。

e 藏匿于不起眼的地下仓库，是一家以音乐派对为主题的买手店。店内拥有数量惊人的绝版碟片收藏，主理人还会时常客串 DJ，组织各类文化活动。

f 自1984年成立以来，每周上新，顾客可以不断发现新的音乐收藏。

名称	注释	地点 / 类别
Centre Commercial	注释 g.	巴黎(连锁)｜服饰／家居／个护
Colette (已关闭)	注释 h.	巴黎｜服饰／家居
Klin d'oeil		巴黎｜家居／手工艺品
L'Eclaireur	注释 i.	巴黎(连锁)｜服饰／艺术品／家居
Les Suites	注释 j.	巴黎｜服饰
L'Habilleur Paris		巴黎｜服饰
Merci		巴黎｜服饰／家居／书籍
The Broken Arm		巴黎｜服饰／书籍／杂货
Tom Greyhound Paris		巴黎(连锁)｜服饰／家居
OU. Boutique Stories		阿姆斯特丹(连锁)｜服饰／家居

法国

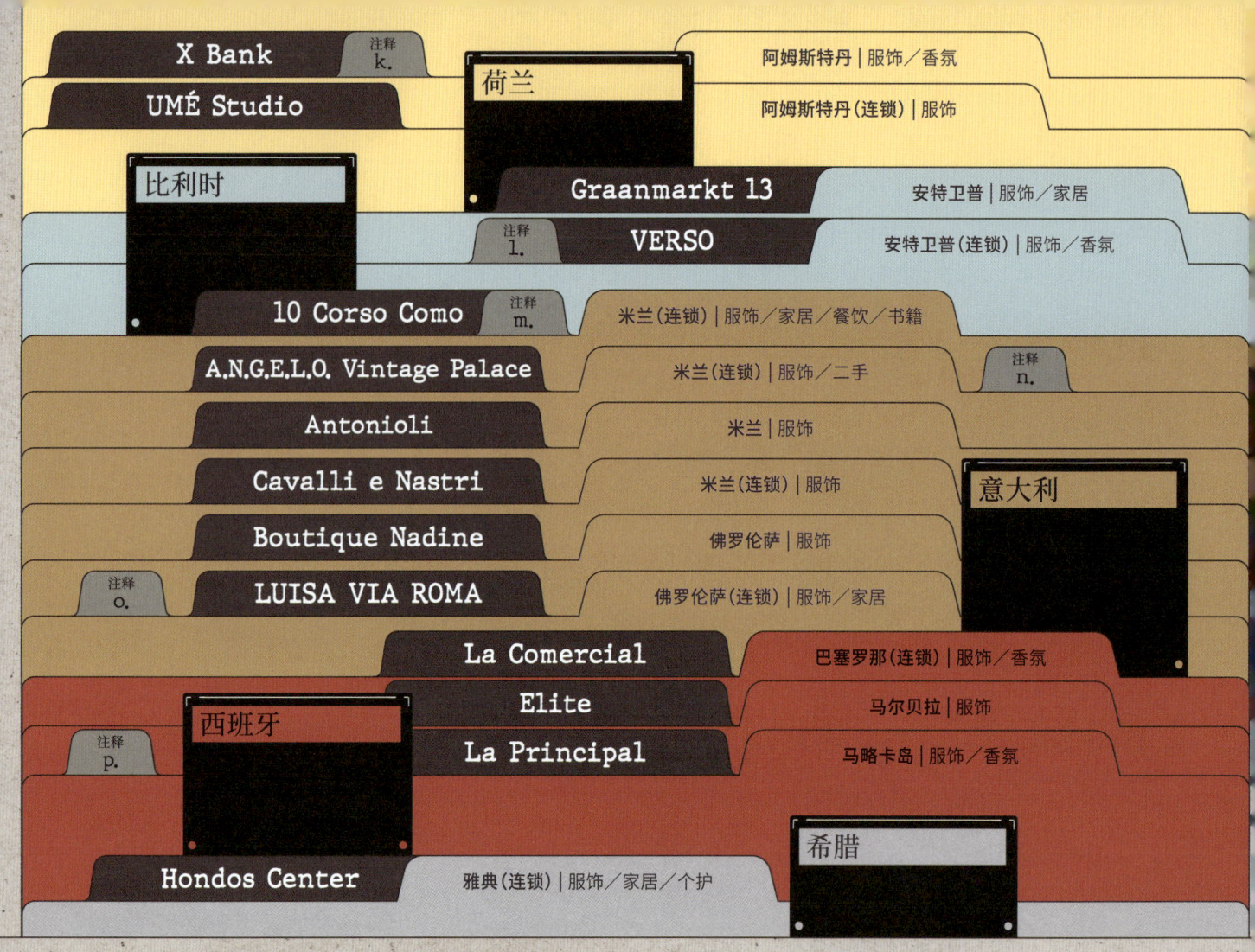

ⓖ 2021年开业，在选品方面看重商品是否天然无污染、是否遵守公平贸易原则、生产链是否可被追溯等方面。

ⓗ 从2欧元的橡皮擦到价格不菲的高级时装，传奇买手店Colette自1997年开业以来，如同一本时装杂志，而橱窗就是它的封面。这里不仅是巴黎的文化地标，也是无国界的时尚展示平台。2017年12月，Colette宣布关店。

ⓘ 店名意为"先锋、侦察兵"。创立40多年来，主理人阿尔芒夫妇以"分歧是一种生活方法"为口号，发掘了不少有潜质的设计师品牌，将其带入大众视野和主流市场，造就了这家先锋店前卫的风格特色。

ⓙ 由巴黎名流的私人时尚沙龙转型而来的一家买手店，聚焦高级定制。从限量版的珍稀手袋，到手工定制的礼服裙，再到华贵的高级首饰，Les Suites为顾客提供极为私人化的顶级服务。

ⓚ 在700平方米的店铺中集合了近200个荷兰本土品牌。

ⓛ 由男士精品店升级而成的概念店，坐落在一座16世纪的历史建筑里。

ⓜ 1990年由意大利著名时尚编辑兼出版人卡拉·索扎尼（Carla Sozzani）创立，是精品概念店（Concept Store）的最佳代表之一。

ⓝ 创立于1992年，被认为是欧洲最有影响力的古着服饰店之一。创始人安杰洛·卡罗利（Angelo Caroli）有着40余年从业经历，他将收藏的12万件服装与配饰陈列在自己的时尚档案馆（A.N.G.E.L.O. fashion archive）中，专业人士和研究者可以预约参观。

ⓞ 这家历史悠久的门店由潘科内西家族创立于1929年，位于圣母百花大教堂附近。现任总裁安德烈亚·潘科内西被认为是意大利时尚买手的先驱。

ⓟ 创立于2012年，坐落在一座古老艺廊里，汇集了来自世界各地的优质品牌。旨在提供耐用、多功能和具备永恒价值的产品。

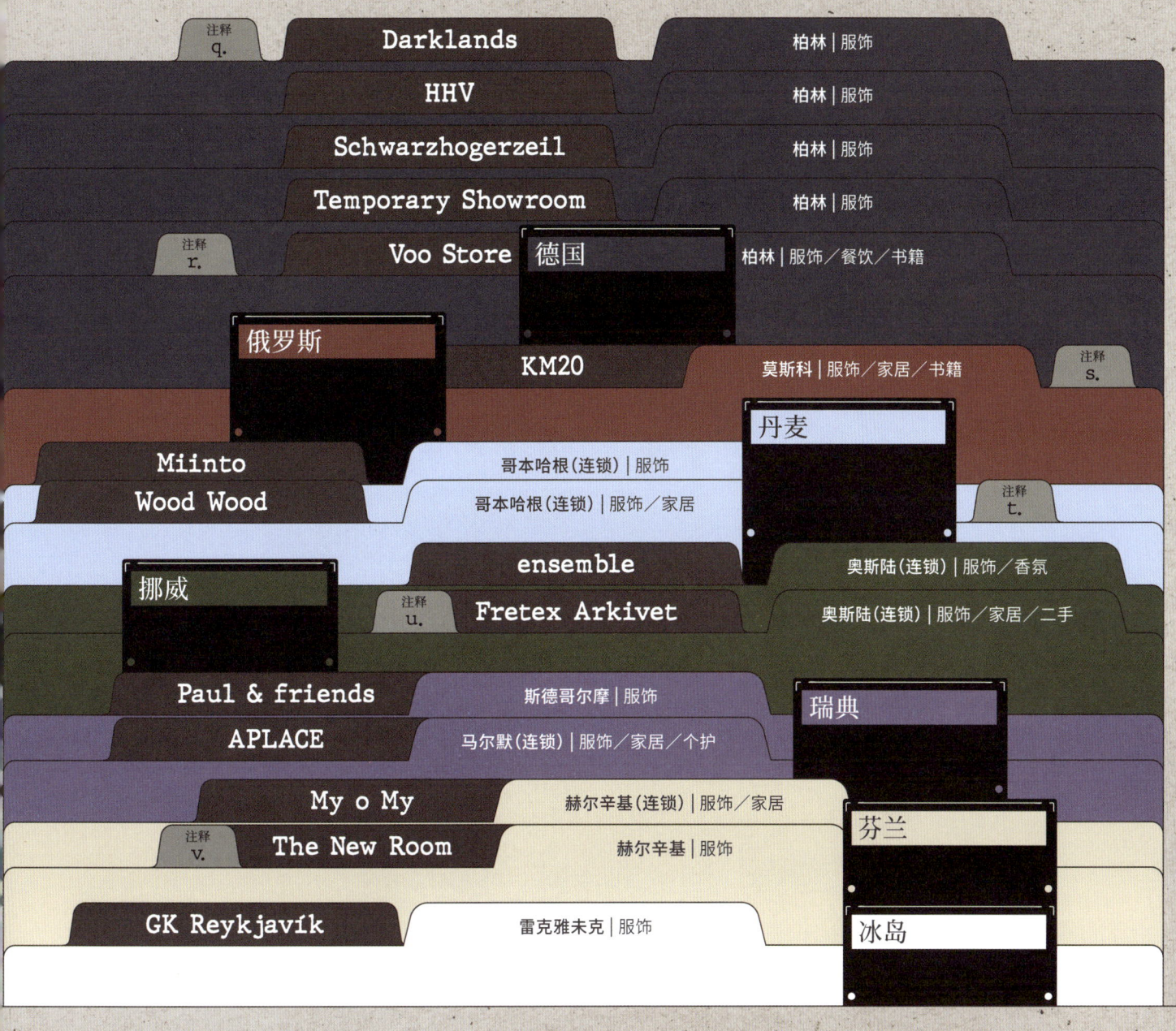

q 以暗黑系著称的先锋买手店。

r 2010 年开业，以迷你综合体形态坐落于颇具文化活力的克罗伊茨贝格区。院落中除了 Voo Store 买手店，还有供应自然酒和有机餐食的 Voo Deli，以及画廊 Voo Space。

s 创立于 2009 年，店内共有三层：第一层主打街头服饰；第二层用于举办各种展会和时尚秀，也是多个潮牌新品的发布空间；第三层则是主营海鲜与美酒的餐厅。

t 在创立之初主要售卖运动鞋和限量 T 恤，后来逐渐引入高阶潮牌，并开发了众多联名合作系列。

u 成立于 1971 年，旗下拥有 30 余家门店，是挪威最大的连锁二手合店。

v 关注嘻哈文化、潮牌与城市生活，店内有买手们从世界各地收集的限量运动鞋和街头服饰。

买手店不完全名录

美洲 America

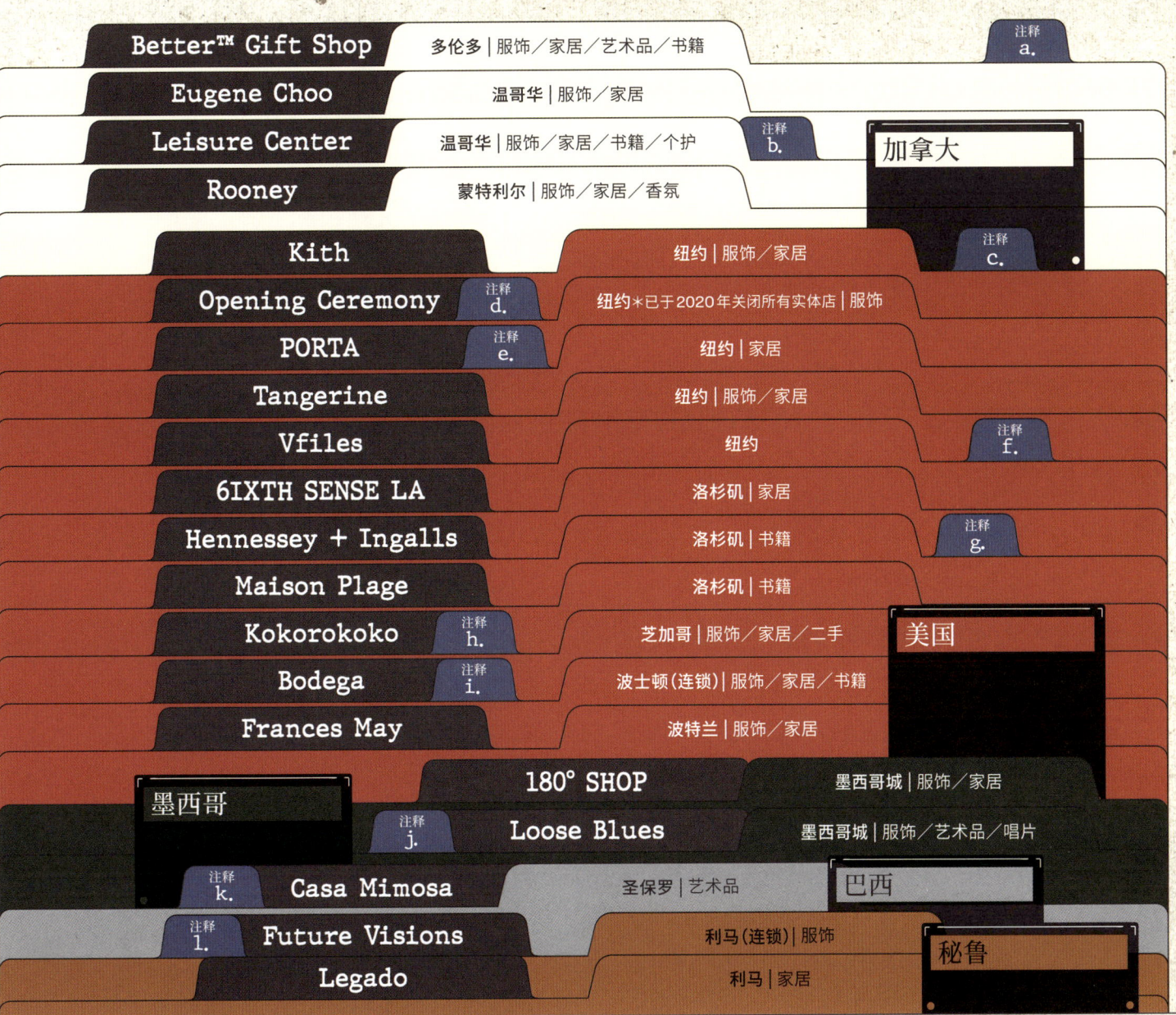

a 诞生于加拿大街头的品牌，主理人阿维·戈尔德（Avi Gold）从小受到 Hip-Hop 文化影响，对流行文化与亚文化的熟悉让品牌吸引了主流关注，成为与各大品牌合作的联名大户。

b 位于温哥华市中心颇具历史古韵的建筑内，汇集了世界知名时尚服饰、艺术品、家居产品、书籍和音像制品，经常举办各类时尚跨界活动。

c 既是时尚买手店也是街头服装品牌，由球鞋收藏家和设计师龙尼·弗莱（Ronnie Fieg）在 2011 年创立。Kith 除代理多个运动品牌之外，也会发售自主单品，曾与众多品牌联名，颇受街头文化爱好者的追捧。

d 创立于 2002 年，以奥运会开幕式为灵感，每一季都以一个国家为主题，围绕当地"最具代表性的设计师""历史悠久的品牌""新锐设计新人"，以及"原创制品"四个维度，打造丰富、有趣的购物体验。

e 专注于呈现实用、独特和具有艺术性的家居用品，主理人注重在家中享用餐点和交流互动的瞬间，希望其选品能够为这些时刻定下舒适愉悦的基调。

f 汇聚和孵化时装设计师品牌的线上交流平台和创意机构，每年都会为平台挖掘的设计新人在纽约时装周举办发布会，其同名买手店也会为新锐品牌提供销售渠道和快闪空间。

g 创立于1963年，是美国西部规模最大的视觉艺术书店。提供艺术、建筑、摄影、时尚设计、平面设计、室内设计、园林绿化与园艺书籍。书店选择书籍的独到眼光使其备受相关行业从业者的推崇。

h 以 20 世纪 90 年代的街头潮流风格为主，店内的选品让人回到由嘻哈音乐、发圈和霓虹灯统治时尚界的年代。店内也有 vintage 书籍和家居，顾客可以在其中发现一些前互联网时期的小物件。

i 2006 年，由三位街头艺术家创立，是时尚、艺术、设计和反主流文化的融合。"Bodega"的寓意是"杂货铺"，这里售卖最热门款式的球鞋和街头服装，经常与 New Balance 等品牌进行联名。

j 精选来自美国、日本和墨西哥本土的优质品牌和商品，将具有复古风格的服装、艺术品、黑胶唱片和杂志陈列店内，结合二楼的餐厅和酒吧，呈现出一种泛太平洋文化气质。

k 进行巴西绘画、石头和纪念品等艺术工艺品贸易已有 70 年。这里定期举办活动，是艺术家展示作品并与公众进行互动的艺术交流空间。

l 创立于 2016 年，是秘鲁第一家生活方式时尚买手店。主理人从过往的行业经历中获得灵感，积极与全球知名品牌建立商业关系，并设计多种将街头潮流文化带到周围社区的活动。

买手店不完全名录
非洲 Africa

ⓐ 创立于2014年,提供具有现代风格的杰出时尚单品、服装和家居。

ⓑ 集合南非本土的时尚和生活方式品牌,用选品呈现美丽、体贴的设计和文化。

ⓒ 一家展示摩洛哥工艺美学和设计遗产的概念店,呈现了传统与当代美学相结合的世界。

ⓓ 专注于展示非洲传统艺术和手工艺品的买手店。主理人相信可以通过个性化挑选的艺术作品讲述文化故事并传达社群精神,以表现本土的社会结构和生活方式。

买手店不完全名录 **大洋洲 Oceania**

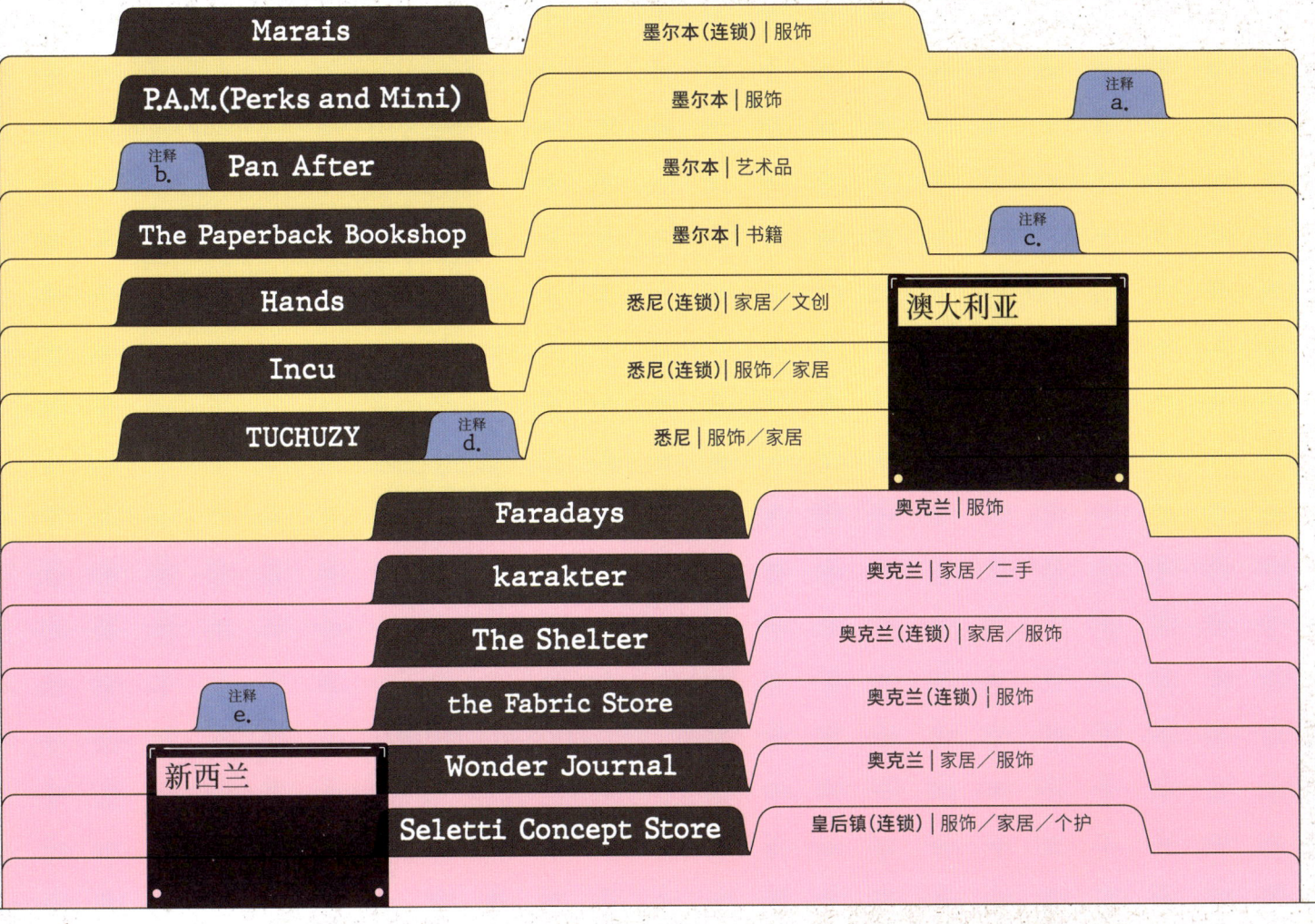

ⓐ 创立于 2000 年，主理人夫妇最初想法便是把这里作为一个发挥艺术与创意的设计单位，店内选品与自创品牌一同传达出鲜明和大胆的时尚风格。

ⓑ 选品以能够反映艺术家思想和其手工技艺为主，让传统工艺在当代得以呈现其美学和实用性。

ⓒ 自20世纪60年代起，书店便崇尚保持独立，以小说类书籍的收藏和挑选而闻名，在澳大利亚本土的非小说类、传记和回忆录等收藏上也非常有名。书店平日开放至晚10点，周五和周六则到晚11点，读者可以长时间沉醉在书籍的阅读中。

ⓓ 挖掘澳洲本土设计师品牌的好地方，在这里可以找到 Bassike 品牌基本款、Dion Lee 设计的礼服、Double Rainbouu 设计的衬衫、Holly Ryan 的项链等热门好物。

ⓔ 创立于 2015 年，专注于精细工艺与高品质面料，也是家庭手工的倡导者。

买手店不完全名录
亚洲 Asia

	Anchoret	北京｜服饰
注释 a.	Common Place	北京｜服饰
	DONGLIANG 栋梁	北京｜服饰
注释 b.	fRUITYSHOP	北京(连锁)｜唱片／服饰
注释 c.	RE 而意	北京(连锁)｜骑行
	THE TORA'S	北京｜配饰
注释 d.	3R LABS	上海｜家居／杂货／可持续
	Element	上海(连锁)｜服饰
注释 e.	hAo mArket 好市	上海(连锁)｜服饰／香氛／个护
	LABELHOOD 蕾虎	上海(连锁)｜服饰
	LMDS	上海｜服饰／家居
	LOOKNOW	上海(连锁)｜服饰／家居／杂货
	Naughty Vintage	上海｜服饰／二手
	PARK MALL	上海｜服饰／杂货
	手手仓库	上海｜家居／二手
	THE MARKETPLACE 示场	上海(连锁)｜服饰／家居／杂货
	XC273	上海｜服饰
	LA PORTE 窄门	广州(连锁)｜香氛
	the aura 白鸟之歌	广州(连锁)｜香氛
	void	深圳(连锁)｜服饰
	hug	成都(连锁)｜服饰
	菲林好玩	重庆｜胶片相机

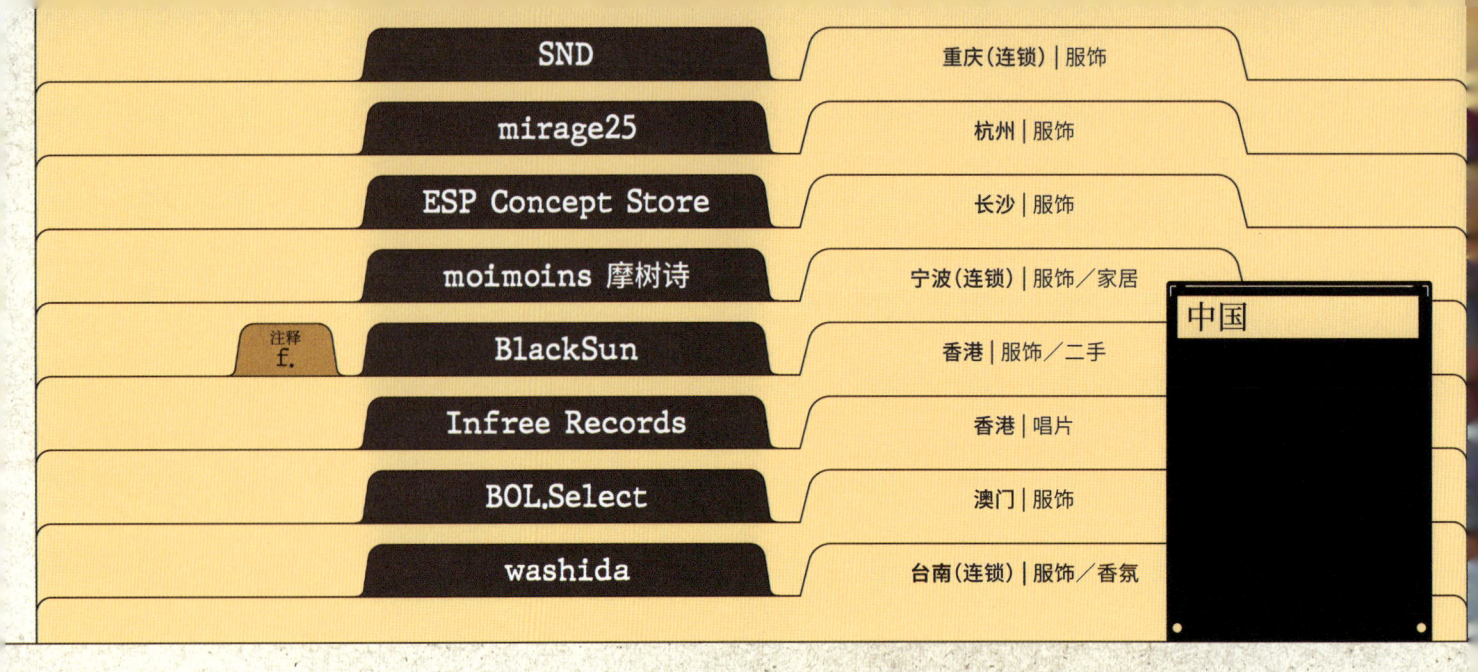

SND	重庆(连锁)	服饰
mirage25	杭州	服饰
ESP Concept Store	长沙	服饰
moimoins 摩树诗	宁波(连锁)	服饰／家居
BlackSun （注释 f.）	香港	服饰／二手
Infree Records	香港	唱片
BOL.Select	澳门	服饰
washida	台南(连锁)	服饰／香氛

中国

a. 藏身在郊区一处巨大的旧厂房中，是一个集展览、画廊、时尚买手店于一体的先锋艺术空间。

b. 主营黑胶唱片和相关文化产品，是一处音乐文化交流的集散地。

c. 以自行车为中心，从与骑行相关的服饰、装备，延伸到衣食住行相关产品，门店空间以丰富多元的骑行与生活场景进行呈现。

d. 环保生活主题集合店，在满足都市人群日常购物的基础上，也举办系列主题活动，不断带来可持续生活方式的灵感和启发。

e. 以全新方式推广美妆、时尚品牌，关注内在健康，宣传新颖的生活方式和艺术文化，同时协助新晋品牌扩大知名度，与当代年轻人共建城市新文化。

f. 主营20世纪30年代至50年代复古风格单品的店铺。

AKOMEYA	东京(连锁)	食品饮料／家居 （注释 g.）
BEAMS	东京(连锁)	服饰／家居／文创 （注释 h.）
CPCM	东京(连锁)	服饰／家居／艺术品
D&DEPARTMENT	东京(连锁)	家居／杂货
disk union	东京(连锁)	唱片／二手
FREAK'S STORE	东京	服饰
GR8	东京	服饰 （注释 i.）
森冈书店	东京	书籍
Studious	东京(连锁)	服饰
UNITED ARROWS	东京(连锁)	服饰
中川政七商店 （注释 j.）	奈良(连锁)	家居／杂货
FreshService （注释 k.）	名古屋	服饰／家居
柿乃葉 （注释 l.）	镰仓	服饰

日本

29CM	首尔	服饰／家居
ADDICTED （注释 m.）	首尔	服饰／家居
BEAKER	首尔(连锁)	服饰／家居

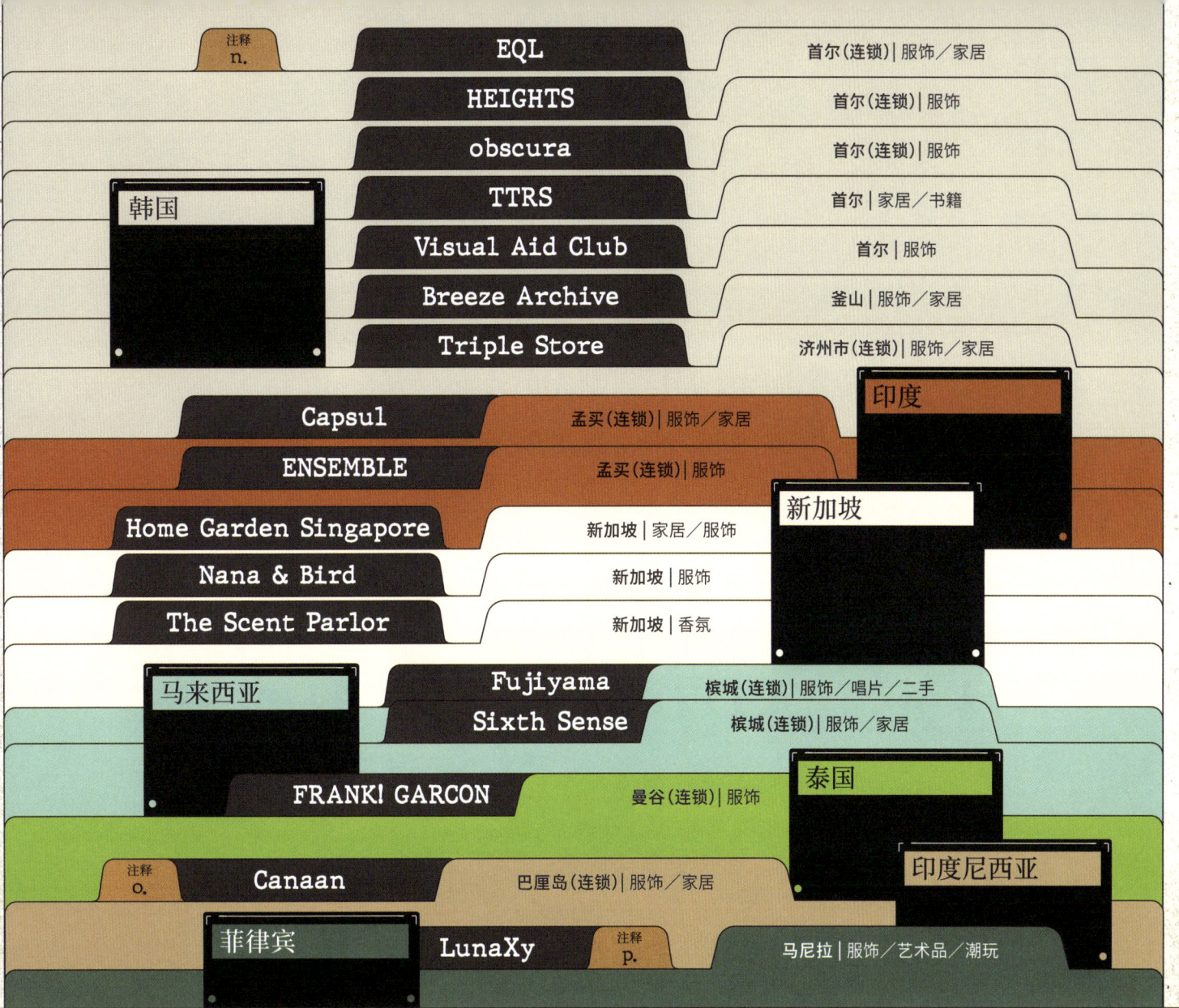

g. 一家以贩售大米为主的买手店，严选20多种日本各地的优质大米。此外也有风味土产、调味品、食器杂货等品类，商品达6000多种。

h. 创立于1976年，日本买手店鼻祖，从最开始引进美国西海岸的时尚风格，到现在囊括了"食""祭""衣""眼""趣""匠"各领域生活方式。BEAMS强调"千店万款"的经营理念，以分店责任制确保主理买手能最大限度地发挥自由创意。

i. 2005年由久保光博创立的潮流买手店，店铺外部是传统庭院风格，内部则是现代感十足的购物空间，有着"东京时尚寺庙"的称谓。

j. 创始于1716年，最初售卖高级麻织品"奈良晒"，逐渐发展成颇具代表性的日本杂货与工艺品集合店。

k. 由潮流代表人物南贵之主理，以"假想的货运公司"为概念进行店铺设计和选品。

l. 隐藏在镰仓小巷，是一家专注于高级定制的买手店。每周仅售卖一类风格款式或者品牌的服饰，假如这周没有发掘到合适的商品，会直接关闭店铺暂停营业。

m. 创立于2003年，从一家贸易公司起步，逐渐发展成韩国最知名的买手店之一。

n. 创立于2020年，"以无偏见、无成见、自由展现时尚"为办店宗旨。店内面积很大，品类齐全，被顾客形容成"有很多可爱东西的地方"。

o. 拥有画廊和零售空间，售卖具有印度尼西亚传统特色的服饰与家居用品。

p. 一个服务于藏家的买手店，汇集了热门潮牌与潮玩，以及菲律宾本土艺术家和各大品牌联名的艺术品。

150-0001 Tokyo, Shibuya City, Jingumae
3Chome – 28 – 1 2F-3F

UNITED ARROWS
：
买手需要看到未来

采访&撰文 张艺 ｜ 编辑 杨慧 ｜ 摄影 聂泽文 ｜ 资料图提供 UNITED ARROWS

栗野宏文
Hirofumi Kurino

profile 1953年生于纽约,毕业于日本和光大学艺术学部。1978年进入BEAMS,先后担任店长、买手、品牌总监、企划部长等职务。1989年参与创立UNITED ARROWS (UA),担任常务董事兼买手、品牌总监,后任创意总监。1996年起,担任安特卫普皇家艺术学院毕业审查员,2004年被授予英国皇家艺术学院名誉院士称号。2008年卸任UA常务董事,并担任高级顾问和创意总监至今,被BoF评为影响世界时尚的500人之一。2014年开始担任LVMH Prize审查员。2020年开始担任Polimoda Firenze学院大师课导师。爱好音乐、美术、电影、散步等,收集黑胶唱片,不定期兼任DJ。

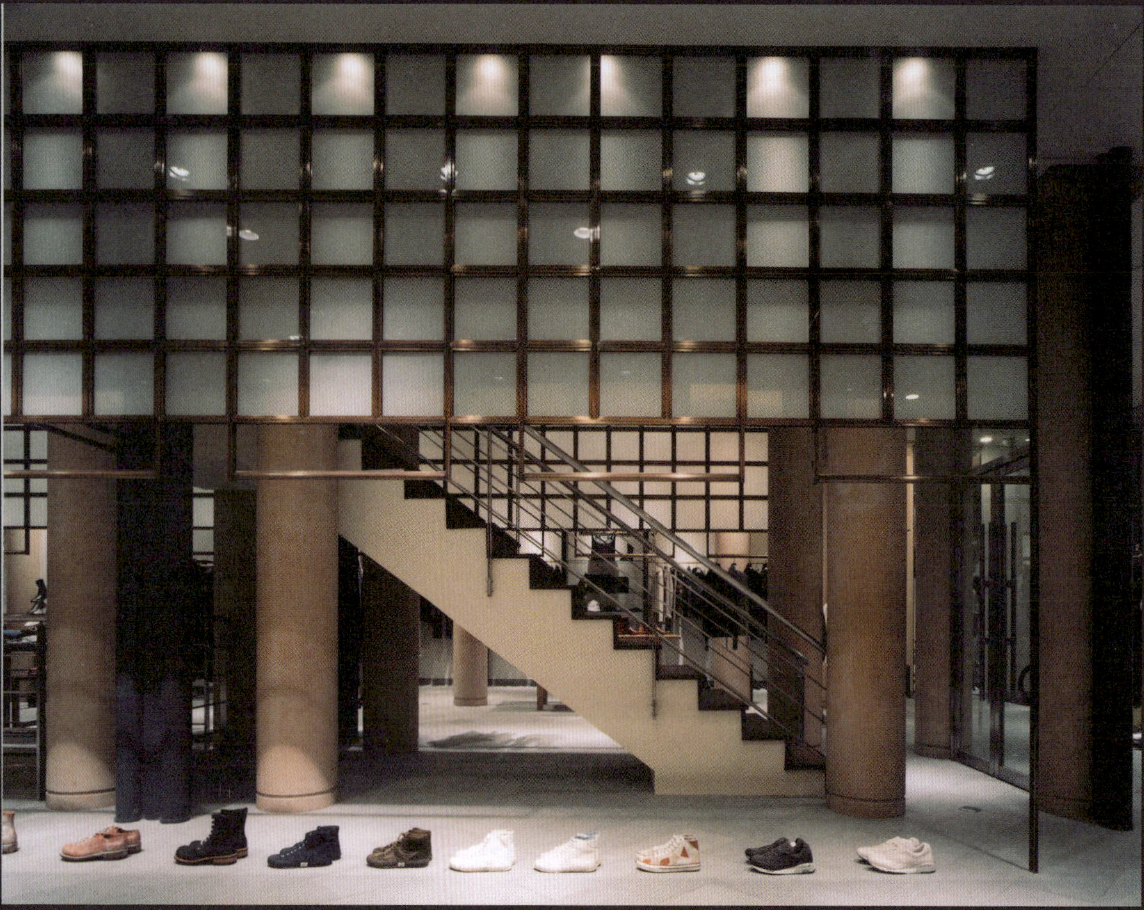

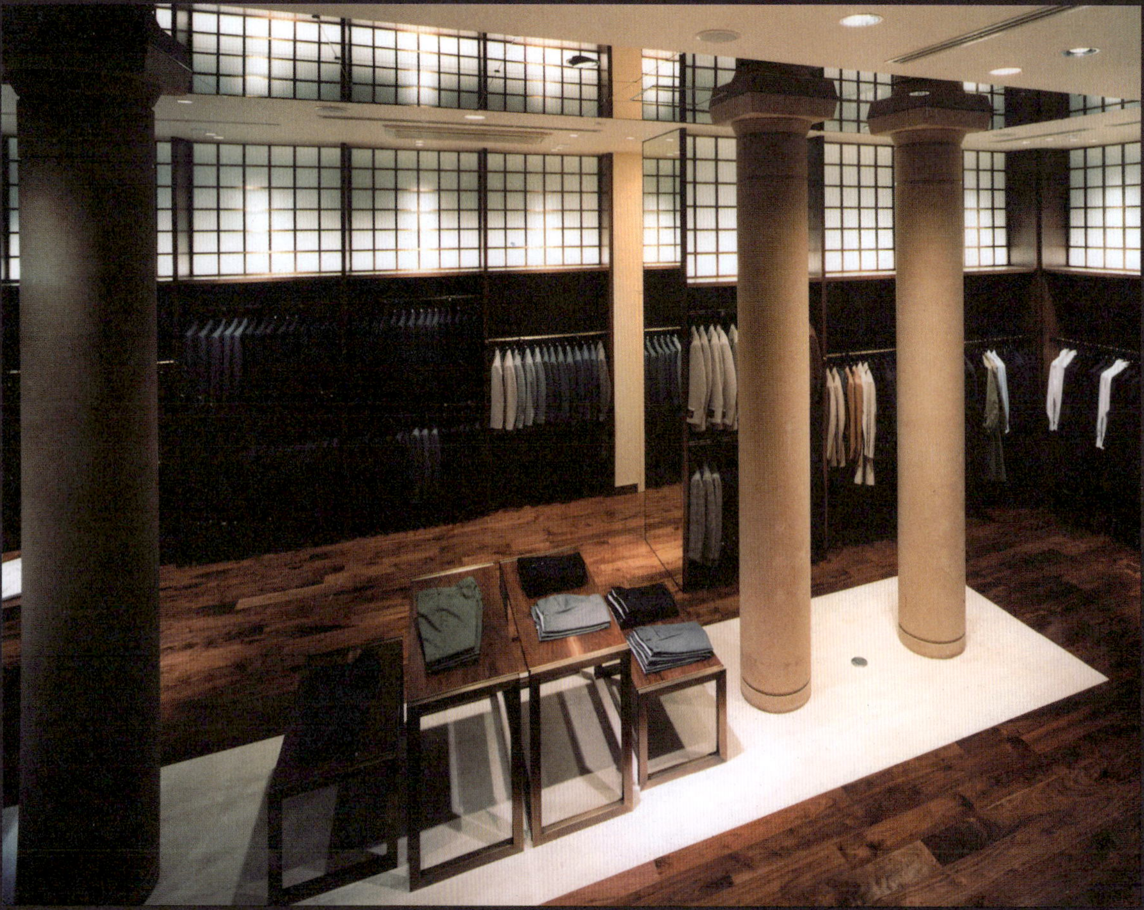

从 20 世纪 70、80 年代开始，随着三宅一生、山本耀司、川久保玲带着日本美学打入欧洲时尚中心，亚洲设计力量逐渐看到了挑战西方主流审美的曙光。几十年后，日本仍占据着亚洲时尚的重要地位，并且保持着独树一帜的话语权。

在写作本书之前，我们探访了日本有着 30 多年历史的买手店巨头 UNITED ARROWS（以下简称"UA"），其年销售额高达 1300 亿日元，是日本买手店中唯一的上市公司。"买手店"在日文中叫作セレクトショップ（Select Shop），这是一个和制英语，UA 根据自身品牌概念在官网给出了定义——汇集由买手从世界各地挑选的商品的店铺。UA 创始人重松理在近期的一次采访中提到："时装是西方的民族文化，其中有难以跨越的民族障碍。身处亚洲的日本，不过是（西方时装行业的）市场而已。在新冠病毒流行期间，我深刻地感受到欧洲奢侈品牌的强大，它们的价值完全没有受到破坏，反而吸引了更多的关注。"他的发言为我们了解 UA 提供了背景。

毕竟，作为这个"市场"中的关键一环，UA 不仅有最懂品质的买手，多年来也在用行动创造一种"日本生活新典范"的愿景，始终在做前沿设计、大众口味、日本传统三者的调和。UA 的合作伙伴 Lemaire 将其评价为：成熟、关注细节，为要求质量的客户提供服务。对 UA 的了解想必能给同为亚洲国家的我们一些灵感与启发。

UA 联合创始人、现任高级顾问兼创意总监的栗野宏文，他的名字在日本时尚行业占有重要地位，入行 45 年来活跃在日本国内外时尚界，被 BoF 评为影响世界时尚的 500 人之一。在疫情期间他出版了著作《后流行的世界》（モード後の世界），其中提到时尚领域多元化的趋势——"特权"定义流行的模式不再是唯一的，比起时尚，人们更关心事业、工作、政治经济动向，低欲望、不买衣服将成为主流。

在全球范围内消费转型的大背景下，我们期待听听他对新规则与挑战的看法，在 UA 本社，我们采访了他。

〈创业故事〉：CityBoy 毕业生

了解 UA 的历史，即是一次对日本买手店行业的梳理。说到日本买手店，绕不开的另一个品牌就是 BEAMS。BEAMS 创立于 1976 年，UA 创始人（现名誉会长）重松理正是 BEAMS 的联合创始人之一，曾长期负责品牌的买手业务。

买手向来是对潮流最敏锐的一群人，也是文化的栽种者与演绎者。对当时的日本年轻人来说，幼年时见到的美军装扮，以及从美国电影中见到的生活方式，就是他们关于"时尚"的原初体验，这长久地影响了后来日本时尚文化的塑造。和 BEAMS 同年诞生的杂志 POPEYE 也以介绍 "Made in USA" 的流行文化让人耳目一新，它们逐渐将美式流行改良为一种更适合日本年轻人的生活风向，是 POPEYE 精准提炼并让 "CityBoy" 一词火遍亚洲。

（左页）
UNITED ARROWS 原宿本店，由地下一层和地上三层组成，涵盖了男女装多条支线。由栗野宏文监制的 District 位于原宿本店 2 层，以支撑时尚本质的高度创造性与职人精神为选品目标。

(1)
UNITED ARROWS 创业时合影，坐在中间的为创始人重松理。

(1)

1989 年，由于经营理念差异，重松理与时任 BEAMS 销售促进部长的栗野宏文、品牌设计师鸭志田康人等人离开，在服饰集团 World 时任社长畑崎广敏的支持下创立了 UNITED ARROWS。

随后，UA 开始探索全球精品买手店的路线，将当时日本还没有的新文化带了进来。1990 年 7 月，UA 一号店在涩谷明治通开业。当时他们想要再现海外的成功案例，经验丰富的买手们直接从海外甄选商品，选货品质为先，价格其次，店装也采用了最好的材料，大手笔投入也带来了极高的行业褒誉，刚开业便受到造型师、时尚编辑、DC 品牌[1] 经营者追捧，一举树立了"到 UA 就能买到好东西"的印象。1992 年 10 月，由西班牙设计师里卡多·波菲 (Ricardo Bofill) 设计的原宿本店开业。不久，Maison Martin Margiela 选中这里作为 1994 年秋冬系列发布的秀场，这是该品牌在东京举办的唯一一场秀。

1 DC 品牌，即 Designer & Character Brand，指 20 世纪 80 年代在日本兴起的一批风格前卫的独立品牌。

现在回过头看，20 世纪 90 年代初日本虽然经历了泡沫经济破裂，但奢侈品消费却出现井喷，1995 年前后甚至占据全球奢侈品过半的市场份额，日本的团块世代是其中的消费主力。UA 可谓抓住了这一历史机遇。

重松理是日本最早订购 Dirk Bikkembergs、Walter Van Beirendonck 和 Dries Van Noten 的买手，当时还在 BEAMS 的他坚信这些安特卫普的前卫品牌值得被介绍到日本市场，创办 UA 后他也继续与它们建立合作。

〈风格关键词〉：点与线

日本品牌向来善于吸收外来文化，然后在自己的土壤上创造出自己的叙事，UA 的切入点是 "Tradition"，日文中叫作トラッド (trad)，即经典正统的风格。这也许暗合了 UA 创业者自己的成长故事——从 CityBoy 毕业之后，需要一种更为成熟、洗练、沉稳、高品质的风格。

在栗野看来，不论服装如何追求先锋，对服装根本的理解与热爱是最重要的，也就是 UA 坚持的对服装经典与传统的信念。对传统的尊重，很大程度上体现在如何理解与运用原型方面。所谓原型，即在漫长的服装历史中留下的标准化化设计——质量好、版型恒久、完成度高。UA 对有传统根基的品牌特别偏爱，当然，并非越接近原型越是好的产品，而是需要巧妙拿捏与原型的距离感。

将克罗心 (Chrome Hearts) 与西装混搭的重松理。UA 是克罗心在日本的唯一正规授权商。克罗心原本是热爱摩托骑行的创始人给自己和朋友打造的首饰品牌。UA 在日本并未将其单纯作为"骑手的终极品牌"和"摇滚风格王道"来介绍，而是赋予其超越原本语境的价值。

32　　　　Section 1　从模式到思路

(2)
Maison Martin Margiela 选择
UNITED ARROWS 原宿本店
作为 1994 年秋冬系列秀场。

2010 年，被人们昵称为"Poggy"的小木基史执掌了 UA 旗下支线 UNITED ARROWS & SONS。Poggy 是日本街头与高街时装融合风格的代表人物，1997 年加入 UA，从店员做到支线品牌总监。&SONS 的概念是将街头文化与超越时代的品质结合，其最好的体现便是和当时想要涉足西装线的 Nigo[2] 合作推出 Mr.BATHING APE by UNITED ARROWS，他们试图打破僵化的"Dress Code"（着装法则），原本泾渭分明的品类经他们之手合流，将街头艺术、音乐、流行文化融入简约经典的西装中。

[2] Nigo，日本设计师，20 世纪 90 年代原宿系代表人物，A BATHING APE 创始人，2011 年创立品牌 HUMAN MADE，2021 年被任命为 LVMH 集团旗下品牌 KENZO 创意总监。

Poggy 曾谈道："经典（Classic）风格是一个点，而传统（Tradition）是一条线。无论一种特定的风格多么耀眼，它总会随着时代而黯淡。当一种原本可能作为一个点结束的风格，被前人作为有价值的东西传递给下一代，或者被下一代研究，以了解过去的价值时，新的风格（点）便诞生了，而连接两个点的就是 Trad。"

（品牌策略）： 协同效应

服装行业在日本素称夕阳行业。日本约有两万家服装企业，不仅竞争激烈，还要面临因人口老龄化导致的市场萎缩问题。日本买手店的一个通常策略是，除了采购来自世界各地的选品，还会开发自有品牌（PB）商品。

"如果仅依靠采购商品，很难维持高盈利；而仅依靠原创企划商品，产品线容易单一。日本买手店的特点在于将这两者相结合，从而能够实现丰富的产品线和高盈利性的共存。UA 根据各品牌的客户特性，优化原创企划商品和采购商品的构成比例。"这是 UA 写在给股东的信中的商业模式。UA 拥有行业内顶尖的买手，外部选品的消化率一直很高，但在创业初期的五年一直处于赤字状态，随着自有品牌开发，利润率增长，才能让企业一直处于良性的循环中。

和欧洲奢侈品集团创立子品牌的玩法不同，日本的大型服装企业支线林立，UA 也采取了这样的模式，用强大的品牌策划能力去覆盖不同的市场，子品牌有的成长为支柱品牌，有的则保持高冷小众，品牌迭代、终结十分常见。总体上看，UA 的自有品牌产品和买手选品在整体商品中的占比大致为 1∶1，这个比例在各子品牌中会出现差异。简单来说，外部选品是用来自世界各地的优质选品树立起品牌的调性，而自有品牌才是企业的主要盈利来源。

在 UA 的品牌版图中，品牌间的相互协同效应是其他企业难以效仿的。高端线会将自身的品牌力传递给其他子品牌，即便无法消费最高端的产品，由于向往 UA，顾客也会选择购买支线的产品。UA 引以为豪的服务精神也是相互共通的，覆盖全球的强大的选货和供应链资源，也给了他们提供优质、差异化产品的底气。

monkey time　创立于 1994 年，侧重将超越时代的经典单品结合自由发散的街头风格。

pheeta　品牌总监神出奈央子于 2019 年创立，专注于推广世界各地值得传承的手工艺品。

◁ 搭配 1

A. ☑

Outfits
店员穿搭

B. ☐

UNITED ARROWS 的店员穿搭。在店内，如果看到佩有"热情待客"徽章的店员，便可请其为你搭配一套服装。

▷ 搭配 2

C. ☐

D. ☐

E. ☐

▷ 搭配 3

F. ☑

G. ☐

访谈
(a) about (K) 栗野宏文

(a) 日本买手店总是给人提供良好的购物体验、充实且变化性强的商品。栗野先生如何评价日本的买手店文化？UA 在其中处于什么位置？　　(K) "Select Shop" 一词是日本人自造的英语，用来定义日本的店铺文化，在英语中一般叫作 Multi-label Store（多品牌店）或者 Concept Store（概念店）。由于日本是一个岛国，很多东西都是从国外吸收的，从中国吸收汉字、饮食、佛教，从荷兰、德国、英国吸收近代教育等，日本总是在向外学习和追赶。1976 年，SHIPS[1] 和 BEAMS 相继创立，1989 年 UA 创立。可以说，20 世纪 70 年代之后，这群拥有海外采购 DNA 的人，开始在日本探寻一种更深入的店铺类型，于是就有了日本的买手店。最初，只是从不同的国家采购商品，但是美国的牛仔裤也好，英国的夹克也好，意大利的鞋子也好，有时会过季，而且不符合日本人的尺码，于是买手店开始尝试自主生产。我从 1978 年进入 BEAMS 到 1989 年离开，见证了买手店自己做原创产品的过程；而 UA 创立后，在供应链方面有了更大提升，比如我们的西装线 SOVEREIGN，采用了从英国进口原料，在中国生产的方式，基本代表了我们从设计到工艺的最高水准。

[1] SHIPS，与 BEAMS、United Arrows 并称日本买手店里的"御三家"。

栗野宏文采访现场

(a) 疫情之后，你观察到日本买手店发生了怎样的变化？　　(K) 疫情很大程度限制了人们的出行，买东西不再集中前往东京这样的大城市，使得各类"地方买手店"有了不错的发展。日本各地有着丰富的地方文化和特色优势，美味的餐馆、新鲜的食材，地价便宜，能做很多东京做不到的事情。而且，通过网络，地方店铺也可以触及海外的客人，今后地方店会变得越来越有趣。不过想要追求新潮、货比三家的人，还是会来东京，东京的规模感和琳琅满目的魅力也在被重新审视。自成一派的地方店铺和多元刺激的东京，都会发挥出各自不同的特质。

2023 年，UA 在北京落地的快闪店。

(a) UA 的原创产品和选品的比例为什么会大致保持在 6：4？ (K) 这个比例不是刻意设定的，而且不同产品线定位不同，比例也有所不同，比如 green label relaxing 在 UA 的品牌中属于中档定价，原创比例就会很高，但是什么都自己做是不可能的。原创产品和选品的利润不同，极容易为了利润选择自己生产，而一旦失去多样性就容易变得无聊。这个比例是通过长期运营最终形成的客观结果。

即便是优衣库这样规模的品牌，为了多样性也会穿插买手模式，比如很受大家追捧的设计师联名系列。所以，我认为优衣库不是快销品牌，它有很强的变化性。

(a) 在 UA 的中期经营计划中，提到了要对中国市场发力，您认为过程中的本土化难点是什么？您打算如何向中国客户传达日本时尚的吸引力？ (K) 我做了近 10 年 LVMH Prize 评审，近年开始看到有中国设计师入围。日本和中国一样，都经历过从初级制造到原创设计的转型，我想现在的中国正处于这个阶段。

在 UA 的经营计划中，国际化是其中一环。2023 年我们分别在上海和北京做了快闪。我们觉得针对不同地域的本地化，需要在实际的销售中获得反馈。至于如何展现日本特色，我们并不清楚，也无法保证我们单方面提供的就是对的，应该会通过合作去探索，到不同的城市开快闪店，一边尝试一边了解当地的顾客需要什么。服务是我们最擅长的，但让当地人感到共鸣和喜悦的服务才有意义。最重要的是让服务被视觉化，用物来呈现。

(a) 中国近两年流行起了"老钱风"和"知识分子风"，传统经典风格再度受到欢迎。这种风格在 UA 整个品牌展开中扮演了根本性的角色，而 UA 主要的受众是团块世代，要如何向年轻一代传达传统经典风格的魅力呢？ (K) 从 UA 毕业的 Poggy 一直在做的就是这件事。他擅长把街头风格与传统西服和正装结合，让年轻人对之产生兴趣，就像播下种子一样。比如在 UA 原宿本店里的 District² 区域，领带和正装衬衫卖得非常好，消费它们的大多都是年轻人。这不是刻意为之，而是年轻人自己在升级。在这里他们发现自己戴上领带穿上正装，也是一种不错的风格。

2 District, UA 于 2000 年创立的子品牌，2023 年 9 月门店由原宿猫街移至 UA 原宿本店。

我们曾经努力追求用便宜的价格提供好东西，但真正好的东西价格不会便宜，好的东西也不会因为价格失去受众。所以我们提供了价格区间更低的产品线，比如 green label relaxing 和 coen。为不同的客户群体提供合适的商品，才是最重要的。

(a) **从栗野先生的角度看，后疫情时代的"趋势"有哪些因素值得考虑？** (K) 现在很难用一个关键词描述当下的趋势，人们也不会因为"流行"而去消费，明星带货众人模仿的时代也终结了。我们只穿自己觉得好的、能让自己感到自信，或是最能与自己产生深度连接的东西。"后奢侈"(Post Luxury) 或是用更时髦的说法"静奢"(Quiet Luxury) 的流行也反映了，人们不再追求品牌 Logo 和主流，而是想要能够长久、爱惜地穿着，甚至传给下一代的单品。另外，如 kolor、COMME des GARÇONS 这样具有强烈艺术性的品牌也更加受到瞩目。

快时尚的大量生产、大量消费时代已经过去，现在不如说是后资本主义的时代。疫情期间，日本关于"资本主义"思考的书卖得很好。这与意识形态不直接相关，重温 19 世纪的思想，也是人们试图在当下找到没有战争、没有贫富差距和公害的社会的一种解题思路。

（右组图）
UNITED ARROWS 本社办公区。

(a) **站在从业数十年的角度来看，您觉得一个优秀的买手需要具备什么素质？** (K) 需要有眼光辨认真正好的东西，懂面料和工艺，知道一件衣服、一双鞋子好在哪里。还要对市场负责，知道有多少人会买、谁会买。买手的专业能力不是知识和品位，而是把客人放在第一位，为客人寻找、采购他们正在需要的东西。UA 的买手大多是销售出身（现任的社长、副社长都有销售经验），能为客人服务的人，就能为公司服务。另外，市场营销只是结果的马后炮，真正优秀的人是能看见未来并能主动创造流行的。的确。长裙好卖还是短裙好卖，不去尝试是不知道的，但是在一开始就知道长裙的价值的人才是优秀的买手。

(a) **对于年轻人来说，确立自我独特性，不受消费主义、流行变迁和意识形态矛盾等外部世界的影响是很困难的。可以给年轻人一些建议，帮助他们找到自我风格吗？** (K) 简单来说，就是相信自己。在庞大的信息铺天盖地的时候，没有人能全部接受，人们总会担心自己是不是错过了什么。为了减少这种不安，我认为去看看更广阔的世界吧。有一种说法是，人是长了脚的烦恼。意思就是人总是思虑过多，一味烦恼而没有出口。我从三十多岁的时候开始，每当烦恼来临，就会把自己置于客观的位置，退一步去审视那个烦恼着的自己，按下暂停键。这时就会发现，不去陷入过度的思虑也没什么。在当下信息爆炸的时代中生活的年轻人，总是会被各种信息烦扰，不知道买什么的话，不买就好，最低限度地穿衣服，然后就会渐渐找到答案。

UNITED ARROWS：买手需要看到未来

特别编辑

从音乐、展览、阅读……了解 KURINO 的创意方式

UNITED ARROWS

解读趋势是栗野宏文作为 UA 创意总监最重要的工作。

他的创意指导方式始于直觉判断，终于学习与研究。长年担任买手的他，极少会在市场接受度未知的情况下进行采购。每当被一个新的品牌打动，他总是会去深挖背后的原因，通过表象连接社会潮流的征候。作为阅读社会潮流的"基础"，栗野日常习惯于读纸质报纸和大量书籍；去海外出差时，喜欢去当地美术馆、博物馆看展。对他来说，展览是时代氛围的如实反映，即使是过去的作品，也能在策展思路中读出对当下的意义。总之，从世相中吸收征兆，将如孩童般的好奇心作为原动力，即使是观察售出服装尺寸的变化，也能从中得到启发。这正是他推崇的"用业余者的心态做专业的事"吧。

一直喜欢的品牌

Dries Van Noten、COMME des GARÇONS、kolor

30 多年来我一直穿 Dries Van Noten，这个品牌能让人感受到 "Tradition"。色彩很美，版型端正，不刻意标新立异。

最近在意的品牌

SEVEN BY SEVEN
创始人川上淳弥原本是美式古着买手，作为设计师，他用自己的方式表现美式古着和过去时代的美好。

WALES BONNER
成功将英国经典风格、牙买加的明亮色彩及拉斯塔法里文化巧妙融合。民族性的东西是根源，我在服装行业工作了 47 年，明白任何创造都不可能凭空诞生，一定是有所继承，才能形成设计师独有的语言和超越时间周期的留存性。即便是游戏和虚拟世界，也一定有一个神话的源头，只不过用了最新的技术，让人们的想象力不断拓展。人类的大脑还有无限潜力，关键是如何引导出来。所以，对历史保持敬畏与学习，才能产生有深度的东西。

最近喜欢的秀

SEVEN BY SEVEN 24SS（东京）
AURALEE 24SS（巴黎）

巴黎夏天的秀经常会在半露天的地方举行，AURALEE 的秀从半露天延伸到巴黎街道上。衣服很漂亮，色彩也很棒，与周围的景色相得益彰。AURALEE 已经创立 10 年左右，这两年变得更加成熟，在年轻人中很流行。一个品牌流行不一定是好事，但 AURALEE 的厉害之处在于，流行之后还能沿着自己的方向往前进一步，这就是它成熟的表现。

近期买到的喜欢单品

Caruso 为 District 在意大利特别制作的西装夹克

一反近年流行的无垫肩设计,这件衣服在肩膀处加了少许垫肩,穿上去肩膀的线条看起来很漂亮。而且面料薄厚适中,利用率很高。

喜欢的海外买手店

Dover Street Market,伦敦
The Broken Arm,巴黎

现在的买手店为了存活下来,大多数都在经营大品牌的产品。而在 20 世纪 80、90 年代,个人和家庭经营的小规模买手店是很多的。它们的消失对时装来说不是好事(因为默默无闻却有趣的品牌仍然非常多)。从这两家店里,我能看到某种一直坚持的东西。

最近给你灵感的展览

大卫·霍克尼(David Hockney)
东京都现代美术馆个展

艾萨克·朱利安(Isaac Julien)
伦敦泰特美术馆回顾展

普拉达基金会企划展 米兰

普拉达财团的企划展,总是以令人意想不到的解谜方式刺激着我的大脑,每次去米兰都会去看。展览空间是雷姆·库哈斯(Rem Koolhaas)为普拉达设计的艺术塔。可能会有人误解,以为普拉达做的展览总是和时尚相关,但实际上,最有趣的是策展,关于世间万物的观察和思考方式总是给我的创意工作带来灵感。

最近读的一本书

藤原辰史《缘食论》

现代社会里,过去住在合院、围屋里相互帮扶的生活方式被瓦解,个人主义大行其道,人们可能会变得急躁、具有攻击性或排他性。个人责任这个词十几年前开始在日本流行,而该书提出,国家或社区应该承担的责任不应该被转移到个人身上,以及多样性才能化解风险、拯救世界。

喜欢的唱片

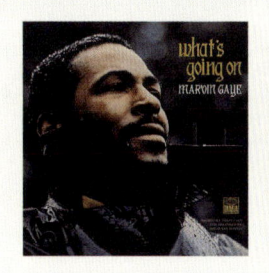

What's Going On

这是 50 多年前的唱片,可能在唱片史上能排进前 100。马文·盖伊可以说是一个流行歌手,大约在 20 世纪 70 年代初期,他对世界上发生的各种事情产生了很多质疑,核问题、越南战争、贫富差距、警察暴力等,所以发行了名为 What's Going On 的专辑,质问到底发生了什么,整张专辑都是一些传达信息的歌曲,旋律也非常美妙,容易理解。

Mr Bongo Record Club Vol.6

这是 Mr Bongo 厂牌推出的第六部合辑,里面收录有 20 首歌,有新有旧,基本都是不怎么出名的歌曲。比如第一首叫 Japo 的歌,是来自巴西的多拉莫·莱恩鲍姆的歌,他的父母是和坂本龙一先生一起合作的音乐人。这首歌也是在向龙一先生致敬。

能感受到时代氛围的一首歌

这个问题很难,Silk Sonic 乐队的 Leave The Door Open。

6 Rue Deguerry, 75011 Paris

Klin d'oeil
：
从市集
生长出的
社区店

采访&撰文 刘浩堂 ｜ 编辑 江舟 ｜ 图片 Klin d'oeil

Klin d'oeil 运营团队　profile　从左至右为：Helene、Emilie（创始人）、Virginie（创始人）、Laune。

Klin d'oeil 位于巴黎 11 区的一个寻常街巷，是一家售卖设计师、艺术家手工艺品的买手店，由 Emilie 与 Virginie 创立于 2015 年。店的外墙被漆成鲜亮的明黄色，转过街角，注意力很容易被其吸引。如今，这里拥有联排的设计师买手店、工作坊与咖啡厅，都被漆上了大面积的色彩。

　　相比于艺术中心玛莱区，以多元文化活动见长的 11 区拥有更为自由的创作者群体，Klin d'oeil 在其中扮演着"打捞者"的角色，通过店铺将设计、艺术连接至真实的社区生活中。我们采访了 Emilie，一起聊聊这家藏在街区内的买手店如何成为创意集合地。

(1)
Klin d'oeil 意为"眨眨眼"，店铺位于远离主干道的小巷转角，按功能划分为三个相对独立的空间：左边是咖啡馆，中间是工作坊，右边为商店。

从（市集）到（店铺）

　　在巴黎，Klin d'oeil 多多少少回归了原是法语词的"Boutique"的天然含义，即精选某一群体生产的商品的小零售店。店中售卖的大多是杯碟、摆件、文具、首饰等日常生活小物，小批量、手工制，并且有着轻松明亮的色彩。能够持续不断挖掘到这些作品，源于经营者多年来组织创意市集所搭建起的网络。

　　在经营 Klin d'oeil 以前，Emilie 是一名纺织品设计师，同时也从事平面设计相关的工作。2013 年，她开始与 Virginie 一起组织面向创作者的交流活动，比如在独立音乐节上组织设计师聚会，或是邀请他们加入巴黎街头漫步计划。不定期的会面最终成长为每年 2～3 次的创意市集，这也是 Klin d'oeil 买手店的前身。两人邀请巴黎本地的创作者在市集上出售他们的手工艺品、画作甚至是旧衣服。Emilie 说她们策划这些活动出于一个共同的诉求："希望分享我们在各个领域的创作喜好。"

(2)
2022 年的 Klin d'oeil Edition #20 市集现场。举办地位于巴黎 3 区，可容纳一万名以上的单日客流。

Klin d'oeil 店铺内部陈列
与手工商品。

(3)

但创作不能仅在创作端流动，还需要落到人们的日常生活里。她们想要邀请社区居民接近这些创作者和他们的作品，让创意惠及生活。于是在 2015 年，她们开设了 Klin d'oeil，凭借之前在市集中积累的设计师资源，这里很快成长为某种意义上的创意"地标"。

有了店铺空间，Klin d'oeil 得以涉足更为广泛的创作领域，也有了更多自主选择的能力。她们的视野从巴黎本地拓展到欧洲设计、艺术群体，通过社交媒体关注他们的动态，第一时间获取新作品信息。逐渐地，越来越多的创作者主动联系，表示想寄售自己的手工艺品。团队成员的视觉工作背景，让她们比一般的店主更了解如何与创作者们沟通，甚至更了解如何发现那些有潜力的新人。尽管如此，Klin d'oeil 组织的市集依然是发现设计师、展示艺术作品的一条重要渠道。相比于持续经营的店铺，市集虽然是间歇性的，但创作者更为集中，也有更大的场地空间。当经营者在店铺选品时发现喜欢的创作者，她们便会邀请这些人来市集摆摊，让更多人与他们当面交流。

在（社区）内（生长）

巴黎 11 区有着良好的社区生态，大大小小的商业体、文化空间与住宅交错，生活便利且富有活力。不起眼的街巷里隐藏着酒吧、艺廊和设计工作室。Klin d'oeil 最初的规划也是做"邻居生意"，选址时刻意避开主干道，选在居民常活动的小巷里。2018 年还在买手店旁边开设了工作坊，周末会组织创作者和居民进行手工体验课，包括陶艺、木刻、编织、刺绣、毛毡等，甚至还开展过一次插花教学，这些创作又被经营者重新编辑输出成新内容或新商品，往复循环。逐渐地，这里成为社区生活的交流场所，Klin d'oeil 也不单作为"零售空间"而存在，它生长成了一个兼具商业性和公共性的综合体。

这种聚焦社区的坚持，让 Klin d'oeil 的自身特色越来越鲜明。不断有其他地区，甚至其他国家的游客专程来店里购买商品或喝杯咖啡。"这家店是我来巴黎的理由"，他们描述这种状态为"目的地买手店"。那么接下来，经营者是否要考虑将规模扩大呢？

Klin d'oeil 认为自己在选品上的定位——有着明亮色彩的手工日常小物，与社区人群的需求和承载能力刚好匹配。在这个并不恢弘的商业链条中，比起模式，人的感受更为重要。因为这家店，谁的作品被更多人看到了？谁买到了合心意的物品？谁在这里收获了好的体验？

Popeye 杂志前主编、优衣库创意总监木下孝浩在一次采访中提到："做好体验，搭建桥梁，将门店变为一种生活方式，在社交层面吸引顾客，能满足永恒的需求。"Klin d'oeil 通过买手店、工作坊与咖啡店构成的综合体，覆盖了人们从购物到休闲的日常需求，三个空间相连又彼此独立，如果你愿意，可以在这里消磨一整天。

(3)
Klin d'oeil 咖啡店，提供咖啡与简餐。

(4-5)
Klin d'oeil 工作坊与手工体验课。

(4)　　　　　　　　　　　(5)

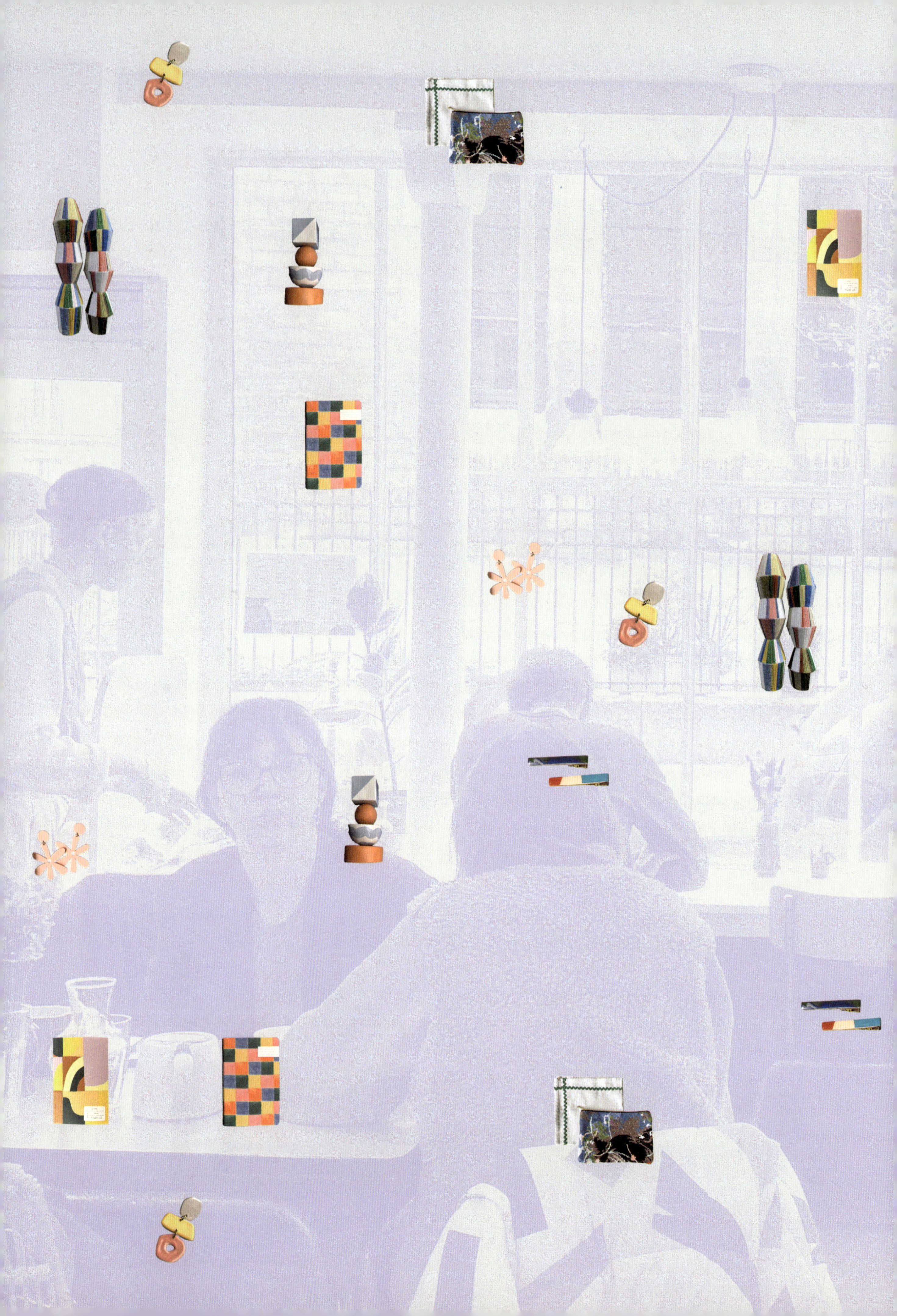

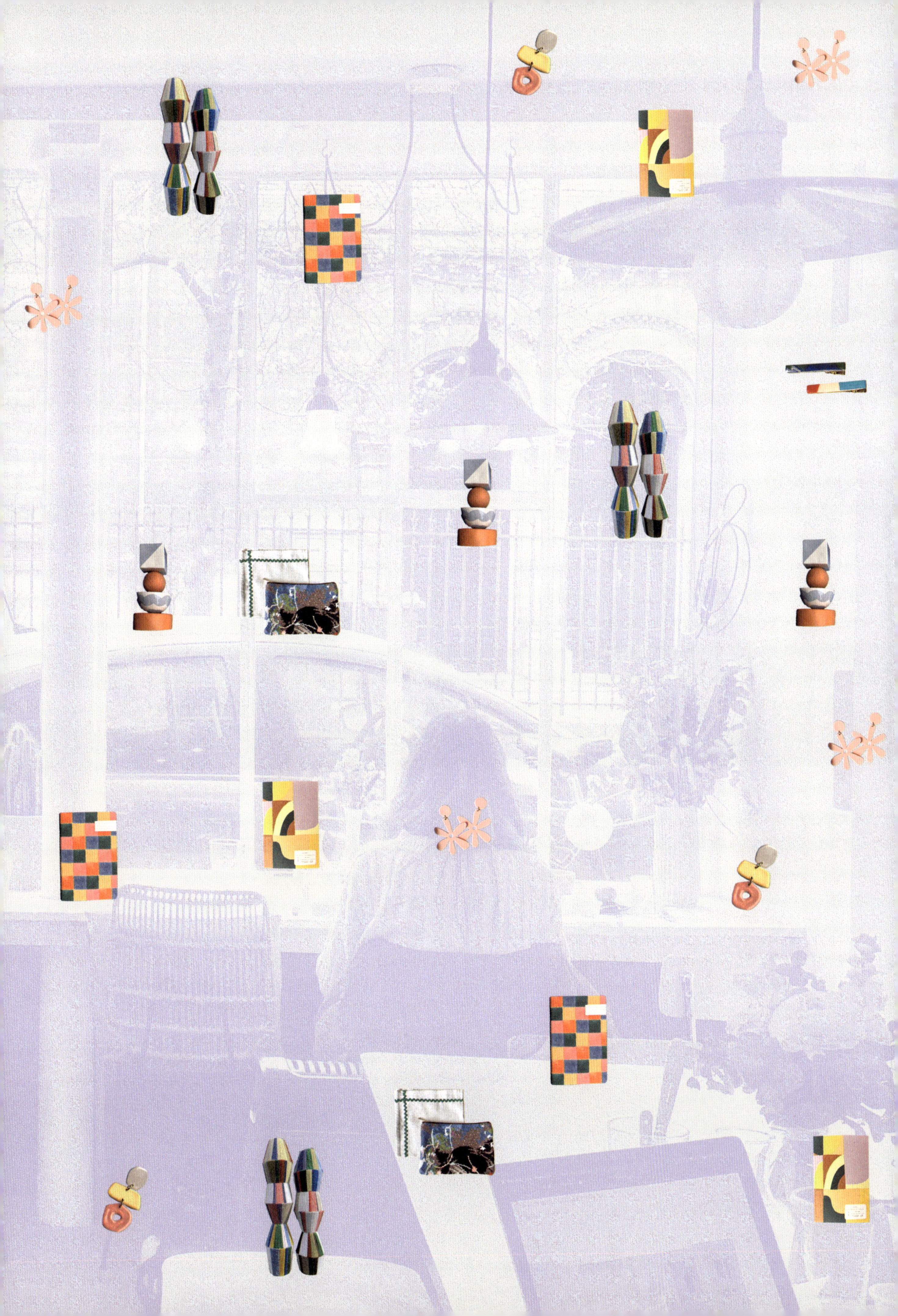

特别编辑

快问快答
FAQs
*
Emilie

Klin d'oeil 自 2013 年开始组织面向创作者的市集，至今已举办 20 余届，你们如何将持续运营的买手店空间与间歇性的市集联系起来？

快问快答 FAQs
about (编辑部) *
Emilie

如果用漏斗来形容的话，买手店是上方的入口，市集是下方的出口。我们通过运营店铺不断认识新的创作者，然后筛选其中有意思的人和作品，邀请他们参加市集，让他们一次性能和很多人深度交流。

目前四名成员各自承担怎样的工作？

Virginie 和 Laure 负责商店日常运营，包括选品、陈设、跟踪创作者的动态，市集和一些快闪活动也是她们在策划；我和 Helene 负责视觉相关的工作，包括摄影、平面设计、网页和社交媒体更新，我们很擅长在图片中体现 Klin d'oeil 的风格。

Klin d'oeil 的消费者通常是哪些人？

快问快答 FAQs
about (编辑部) *
Emilie

社区的居民形形色色，我们的客人画像也比较多元。有为家人挑选礼物的祖母，也有年轻的设计师和手工爱好者……大多都居住在巴黎大区，但也有来自世界另一端的客人。

快问快答 FAQs
about 编辑部 ⁕ Emilie

你认为吸引顾客不断前来的关键是什么？

新的东西。我们愿意接受创作者们天马行空的点子，它们总会在一定程度上超出顾客的预期。

Klin d'oeil提供给顾客的价值主要是什么？

了解、体验一件物品是如何诞生的，了解自己真实的生活需求，减少不必要的消费。

店铺选址出于什么考量？

11区是我们非常熟悉的社区，我很喜欢现在这个地址，在小教堂对面，就像一个村子里的广场，大家喜欢在这里聚集，给店里带来不错的客流。

在你们看来，买手店、工作坊与咖啡店三个功能空间的组合，给社区带来了什么？

营造了一种真正的邻里精神。住在附近的居民会定期来了解店里的新动向，也会全家人来店里吃午餐，或是参加工作坊体验。店铺这条路的尽头有一个学校，孩子们放学回家时会来打招呼。或许是因为门头的颜色能带来好心情吧，人们总是喜欢来这里。

中国的线上购物非常成熟，你们在疫情期间增设了电商业务。在你看来，巴黎或者欧洲其他地区是否也存在线上与线下的矛盾？

是的，法国人如今也主要通过网络购物。但我们注意到，购买手工艺品的顾客更喜欢到小型买手店来消费，他们能发现很多新东西，也能通过触摸感受到手工艺品的特别之处。

Klin d'oeil: 从市集生长出的社区店

6 Rue Deguerry, 75011 Paris

森冈书店
：
何不
做减法

森冈督行
和他的"一册一室"

采访&撰文 刘璐 ｜ 编辑 杨慧 ｜ 摄影 王喜喜

森冈督行
Morioka Yoshiyuki

profile 1974年出生于日本山形县。1998年加入位于东京神保町的一诚堂书店，2006年在茅场町的老建筑里独立开设"森冈书店"。2015年在银座开设"森冈书店（银座店）"。

MORIOKA SHOTEN & CO., LTD.
A SINGLE ROOM WITH A SINGLE
SUZUKI BUILDING, 1-28-15 GINZA
CHUO-KU, TOKYO, JAPAN

(1)

第一次和森冈督行见面时，他便带领我在东京银座漫步。我们从森冈书店所在地——1929 年建成的铃木大楼出发，绕过银座的现代高楼和奢侈品店，到达 1932 年修建的奥野大楼。森冈带我走进一个类似手动操作的电梯，电梯门是黄色的铁栏杆，路过每一层时都能看到电梯外的景象——办展的年轻人、衣着考究的老妇人结伴而行，人们来来往往，不同的时间和空间交错在这栋大楼里，像《午夜巴黎》一样热闹。

过载的商业元素拥挤在寸土寸金的银座，你原本以为消费主义就是这里的信条，"可是那边木村家的红豆面包过了几十年还是只卖 100 日元（折合人民币大约 5 元）"，森冈说。当初将十几平方米的书店选址于此，很多人觉得反商业规则，甚至反读书人的直觉。更遑论，森冈书店在经营近十年后选择了更极致的方向——书目每周一换，每次只卖一本书。从小说、绘本、摄影集，甚至到动物图鉴，每周都会有不同领域的人聚集到这里，它没有固定的风格，每周都是新的。森冈试图通过某种"极致的减法"来创造一个永远动态的空间——扔掉，更迭，看看最终能剩下什么。

(2)

(1-2)
开业于 2015 年 5 月 5 日的森冈书店（银座店），位于东京历史保护建筑"铃木大楼"一间 15 平方米的底商。新店由三菱商事旗下子公司 Smiles Co., Ltd. 参与投资，视觉工作室 Takram 以"在场感"为概念重新进行了品牌 VI 设计。

一次冒险

走进书店的第一感受是简单，店里横跨着的手工柜子是森冈从国外淘来的（事后发现产地是北海道）。站在这个柜子前，我问森冈布置空间时有什么巧思，他说："柜子把这个空间按黄金比例分割，成了一个做什么都很适合的地方。"

做什么都很适合，充满可能性。

2014 年，从事书店行业多年的森冈将他酝酿已久"只卖一本书"的想法正式向外界传达。这无疑是冒险的，相当于将书店功能从传统的"陈列"转为强调"体验"，每本书都是一次小展览。一方面考验策展能力，需要将书的信息提取出来，在有限的空间内尽可能轻巧地呈现出主题氛围；另一方面也十分考验选品能力，毕竟一周只有一次机会。

森冈曾选过一本鹦鹉图鉴，吸引来不少养鹦鹉的人，他们走进书店会兴奋地讨论"我家鹦鹉是长这个样子的哦"。森冈也很意外这次的互动效果，他无意间为这些"小众爱好"群体提供了交流机会。

(3)

(3-4) 森冈书店内的标志性陈设——从海外辗转淘来的北海道手工木柜。

如果选品是小说,森冈的发挥空间则会更大一些,比如把作者写作时用的笔和一些工具作为展品,让读者感受到创作过程,或者将与书中故事相关的周边布置在店内;作者有时候也会被邀请来,大家挤在狭小的空间里面对面交流。作者、读者、书店共同构成了书的完整性。

"你选择一本书的标准是什么呢?"

"作者倾注的热情(类似于这样的东西),哪怕这本书和我的世界观有些不同,但让我觉得'哇真有意思!'我就会想放在店里。"

迄今为止,森冈已经为读者展示、介绍了近 500 本书,然而他并没有为这些书做归档或回顾展,出现一周,然后消失,一期一会。

(5)

森冈书店:何不做减法

拜访森冈书店的当天，正在展出的是一本写真集，作者是来自福冈的小阪靖子。她把自己在社交媒体发布过的照片集结成册印刷出来，书的开本类似一部手机。就像是用一种反时代的方式来记录时代——是在信息的河流里被瞬间上传又被瞬间遗忘的数字照片更能长久存在，还是这本能被拿在手的实体写真集的生命更恒久？小小的书店里正在展开一场对时代的发问，这是森冈和我们一起生活的时代。

(6)

长久专注的背后

森冈督行的故乡在距离银座 400 千米远的山形县寒河江市，当地以樱桃闻名，森冈在那里度过了在乡野奔跑的少年时代。对书籍入迷是来东京上大学时，青涩的学生满心好奇地走在新宿和银座的街上，但最终还是只有书和散步两件事沉淀为日常。

森冈有了自己在东京的"读书地图"，他常独自散步去旧书店。在东京有名的旧书一条街神保町，他清晰记得"东阳堂书店是佛教书籍、八木书店是日本文学、大屋书房是浮世绘、田村书店是近代文学、明伦馆书店是理工科书籍、源喜堂书店是美术书"。在网络还没有完全渗透人们生活的时代，与书的相遇就像和人相遇，存在巨大的随机性，可能因为擦肩之后就再也无法相见，这种依靠缘分的事情让站在书架前的森冈总是充满紧张感。

封面印着"生田长江译，新潮社，大正 4 年，序：森鸥外[1]"的《查拉图斯特拉如是说》摆在东阳堂书店门口的纸箱里。"德语原版书看不懂，这些大正四年（1915 年）翻译的书可能也读不懂吧"，森冈这样想着，但尼采和森鸥外的组合实在让人心动，穷学生最终还是付了款，将书带回公寓。这个公寓位于东京中野地区，是一个开门能听到嘎吱响的老房子，公寓外墙上的名字还是用老旧字体从右往左写上的。当初跟着房产中介看房时，阳光透过二楼的大窗户照进来，森冈就想晚上的月光是不是也会这样照进来啊……时隔近 30 年，如今的森冈仍旧重复着和学生时代差不多的事情——将一本打动他的书，放进一座古老建筑的书架上。他为何会对书长久保持这样深刻的专注呢？

1 森鸥外（1862—1922）：19 世纪初日本浪漫主义文学名家，与夏目漱石、芥川龙之介齐名。

森冈毕业时恰逢日本泡沫经济破灭，在一个价值观崩坏又重组的年代，他对庞大的社会系统丧失热情，转而去关注环境议题。面对就业困难的现实，他的自洽说法是："包括工作在内，人类所有的经济活动不是都会加剧温室效应吗？"但森冈也知道自己并不能做到隐居山林自给自足的程度，读书和散步是他仅有的两项爱好，什么样的工作能不牺牲掉它们呢？某天，森冈在《朝日新闻》上看到一条信息："来书的街道工作吧！"这是神保町一诚堂书店的招聘广告。

(5-8)
森冈书店正在进行小阪靖子首本摄影集《这是我的 INSTAGRAM》（これがわたしの INSTAGRAM）限时展览。

60　　　　Section 1　从模式到思路

(7)

(8)

森冈书店：何不做减法

1903 年创立的一诚堂以贩售旧书闻名，川端康成、三岛由纪夫等名家常来此处淘书，整条神保町街道的旧书生态也因这家店而起。森冈入职后最初的工作是检查书有没有脱页或脏页，以及寻找旧书里读者做的笔记，无价值的会被擦除，有价值的则会被保留下来。日复一日，森冈逐渐跳脱出之前的读者视角，开始从物理层面去客观"解剖"一本书，想象书中的内容可以如何在空间中延展，如何将书与读者更深地连接。

在一诚堂工作几年后，而立之年的森冈想要独立出来，开一间属于自己的旧书店。选址最终落在东京茅场町一间有着蝴蝶印花窗户的古建筑里。这里与花王（Kao）公司本社相邻，不远处还有东京证券交易所，在弥漫资本氛围的环境中，他的书店显得格格不入。有个同行前辈告诉森冈："接下来是要么优衣库，要么 LV 的时代，物质与精神的两极化会更加明显。"但他觉得自己恰好就是个"中间者"，时代遗孤站在文明的荒野上，必将承受孤独。

也许正因为这种孤独感，不久后森冈便萌生了"只卖一本书"的想法，他想象着人们专程为他挑选的一本书而来，作者、编辑、读者围坐着聊天，没有其他信息干扰，是个纯粹的、深入的、只有一本书的场域。

真实世界的触感

经过近十年积累，森冈开始在一些创业活动上宣讲自己"一册一室"的理念，收获了不少关注。趁此契机，森冈在 2015 年将书店迁至银座，开启了"一本书"的旅程。

这里不像大型书店，被书海淹没无从下手；也不像精品书店，店员会客气地说"请挑选您喜欢的吧"。当世界的选择性太多，选项本身便是无形压力。在森冈书店，失去了选项的客人反而更为轻松和专注，更容易萌生"能读到这本书真好啊"的感受。

开业至今，森冈书店一直保持着良好的经营状态。在新冠病毒流行的休业期，森冈也尝试在社交媒体平台上做直播："虽然线上能让更多人参与，但连续直播 4 个月后很多人表示——果然，还是想在店里看书啊。"森冈意识到，无论世界会如何发展，还是有人愿意走上街上，与一本书相遇，与其背后的创作者面对面。恢复营业后的首周，森冈选择了一本 1964 年的银座写真集，那是东京第一次举办奥运会的年份。

曾经不找工作，与社会反目的男孩森冈正在以自己的方式塑造着这个空间。他懂书的触感，尤其是那种真实触感，让他拥有了对世界的多元想象。从山形县到东京，从神保町到茅场町，"我想在这里开旧书店"，森冈用一种直觉式的减法，在此时的银座创造了一个小小的窄窄的门，门越窄，里面的世界越大。

Section 2 New forms developed in China.

p63—108

中国的新浪潮

(想开一家买手店 Create an Imaginative Select Shop)

中国买手店生态报告：风起、潮落与新趋势

中国的买手店市场已经历了几十年的发展。从最初引入国际大牌与小众设计师精品，到今天成为国内独立设计师的"摇篮"与"橱窗"，买手店在中国的迭代历程既见证着全球互联网浪潮对中国消费者从心智到习惯的影响，也在一定程度上支持着本土设计师品牌的崛起。买手模式发源于时尚行业，因此我们选择从时装买手店着眼，观察中国买手店市场的整体生态。

20世纪末—2010 买手制百货进入中国

买手制这种经营模式起源于近代欧洲，经由全球贸易向亚洲与美洲推广。1850 年，苏格兰人托马斯·阿什·莱恩（Thomas Ash Lane）与尼尼安·克劳福德（Ninian Crawford）在维多利亚港附近用竹棚搭建了一家临时商店，这就是之后发展为中国香港买手制百货鼻祖的连卡佛（Lane Crawford）。1968 年，连卡佛被香港地产公司会德丰收购，将定位转向高端时尚品牌。20 世纪 70、80 年代，随着连卡佛转型，香港兴起了一批主要经营高级时装与潮流品牌的买手制零售商，包括奢侈品百货 Joyce（1970）与卖潮牌起家的 Green Peace（1988）。到世纪之交，买手制作为一种全新的零售模式被引入中国内地。1997 年，巴黎老佛爷百货（Galeries Lafayette）首次入驻北京王府井；2000 年，连卡佛在上海时代广场开设首家内地门店；2002 年，由 Green Peace 更名而来的 I.T. 集团进入内地，首店位于上海新天地。

在多方投资蜂拥进入中国的这一时期，买手店行业主要由海外买手制百货的中国分店所占据。但彼时市场中种种不成熟的因素，让买手店的发展充满波折。以巴黎老佛爷百货为例，1997 年进入北京后，经营仅一年便因亏损关闭，直至 2013 年才再次开业；同样的，连卡佛继 2000 年在上海开店后，迅速在哈尔滨（2002）、杭州（2004）布局门店，但这两家店均于 2007 年关闭，上海店也在 2006 年被其他商家接手，直到 2007 年北京门店开业，2013 年重回上海，连卡佛才终于站稳脚跟，开始在内地市场扩张。

即便风波重重，彼时的买手制百货与买手店大多仍凭借海外时尚资源的优势，将自家独有的时装产品引入中国内地市场，实现了对内地消费者的第一波市场教育。

连卡佛内地门店开闭表
*不含折扣店

城市	开店年份	闭店年份
上海	2000	2006
哈尔滨	2002	2007
杭州	2004	2007
北京（金融街店）	2007	/
北京（银泰中心店）	2012	2021
上海（时代广场店）	2013	/
成都	2014	/

2011—2017
内地买手店兴起

2010年以后，随着内地市场成熟与消费能力提升，越来越多的顾客开始偏好个性化的小众商品，人们的消费习惯逐渐从主流奢侈品牌与快时尚品牌向风格鲜明的品牌转移。买手店这种零售模式更适应这样的消费需求，因此在国内迎来了一波快速发展时期，内地买手店数量迅速增长。根据RET睿意德在2014年发布的《中国买手店研究报告》，自2000年到2009年，中国共新增了16个买手店品牌，而2010年至2013年的四年时间里，新增买手店品牌数达到了37个，2014年本土已有200余家买手店，集中在上海（75家）与北京（46家）。到2017年，东华大学的一项调查数据显示，仅上海与北京两地的买手店数量已经超过300家，并快速向二、三线城市扩散。[1]

[1]. 资料来源：《如何开家设计师品牌买手店》，叶琪峥、周志鹏、邵丹编著，东华大学出版社，2018年4月第2版，25-26页。（本书数据来自杨以雄教授主持的东华大学·海派时尚设计及价值创造协同创新中心）

同样在21世纪的第一个十年，中国设计师品牌逐渐受到市场认可，这离不开内地买手店的推动。以2009年成立的设计师品牌买手店"栋梁DONGLIANG"为例，开店初期便定位于推广国内设计师的作品，不仅与"上官喆"、"Xander Zhou"等设计师品牌合作，更在2014年将Uma Wang推往米兰时装周。2016年，由"栋梁"上海店发展而来的"蕾虎Labelhood"与上海时装周合作，举办面向消费者的先锋时装艺术节。"蕾虎"的艺术节持续至今，已成为中国新生代时装设计的集中展示平台。

在同一时期，买手店也成为百货公司转型的方向之一。传统百货在引入买手店的同时，开始建立自己的买手店品牌。2012年，杭州银泰成立旗下买手店品牌"西有"；2014年，北京SKP在地下一层至地上五层都布局了自营买手店SKP SELECT；2016年，上海芮欧百货推出自营买手店Assemble by Réel；2017年上海百联集团推出买手店品牌the bálancing……但遵循传统"买手制"模式的运营思路并不能成为零售巨头们转型的"万能药"。在经历短暂的开店热潮后，至2023年，曾布局百家门店的"西有"仅有十余家门店在运营；the bálancing则采取谨慎原则，至2023年也仅开设5家门店（其中一家于2018年闭店），其母公司百联时尚连续三年亏损超千万元。

越来越多的入局者，意味着市场迅速趋于饱和。随着互联网与电商兴起，海内外时尚潮流的传播速度被拉齐，消费者与小众设计师之间的距离也在不断缩小，传统买手店逐渐丧失其核心竞争力——信息差。即便整体数据向好，知名买手店闭店的消息仍在不断传出：2017 年与 2019 年，意大利买手店品牌 10 Corso Como 接连关闭北京与上海门店，彻底失守中国市场；2017 年 5 月，成立于 2009 年的独立买手店元老 Triple-Major 关闭上海门店。总体来说，到 2018 年，传统买手店在中国的发展已显疲态，旧日的残光渐渐落幕，整个中国时装零售市场都在期待新业态的降临。

中国主要城市买手店数量表
（截至 2017 年 1 月）

城市	数量（家）
上海	197
北京	168
杭州	54
成都	46
广州	48
深圳	40
重庆	27
温州	22
昆明	21
南京	20
天津	16
青岛	14
贵阳	11
沈阳	9

the bálancing 上海门店列表

店址	开店时间
东方商厦店	2017 年 9 月
丁香国际商业中心店（已闭店）	2018 年 3 月
兴业太古汇店	2018 年 12 月
港汇恒隆广场店	2022 年 12 月
环贸 iAPM 店	2023 年 9 月

2018—2023
新零售的大背景

"新零售"可能是当下中国买手店自我指称时最常用的描述之一，许多新晋买手店品牌都会在公众号介绍页自称："xx 是一家 xxxx 的新零售买手店。"

"新零售"概念在 2016 年前后被提出，即一种追求数字化与个性化、实现线上线下深度融合的零售模式。2019 年年底开始的新冠病毒疫情更加速了线上与线下两个渠道的互相拓展与融合。新零售买手店普遍重视品牌概念的输出，善于利用线上线下的组合营销收获品牌的核心拥趸。对买手店来说，把握消费群体的面貌可谓重中之重，新零售概念帮助买手店直观地描绘出顾客画像，更精准地将自己的风格输出给对应的消费者。

也正是在这几年，买手店的概念越来越热门，门店数量激增。根据老牌 Showroom "时堂"在 2019 年发布的数据，中国买手店数量增长至 3100 余家。2022 年，这个数字近乎翻倍，中国买手店数量已经超过 5000 家。这一爆发式的增长，有时代背景下的数个动因：

首先，国内外一些尚未形成规模的小众品牌通过海外留学生或互联网"种草"平台被更多人熟知，让国内的消费者关注到以前买不到的品牌与商品，一些传统外贸店或时装店顺势转型为买手店。市场方面，去标签化成为 Z 世代（1995 年至 2009 年出生的一代人）的消费趋势，标准化、规模化生产的商品难以满足个性化的消费需求，顾客更喜欢到买手店挑选能满足个性表达的商品。疫情稳定之后，跨区域流动有所限制，人们的生活与社交停留在一个城市甚至一个街区，这催生了一个新的消费场景：人们更加重视下班后与周末的社交活动，产生了更多的消费需求。这一部分新需求被买手店消化，是买手店快速风行的一个因素。

为什么这部分需求被买手店消化了？这指向新零售买手店的另一个侧面，即生活方式的输出。从这个侧面切入，我们观察到中国市场对买手店模式的两个全新探索：买手店向全品类扩展、社区型买手店的兴起。

买手模式跳出时尚行业并非中国独有的现象，但在中国，买手店更为深入地渗透到家居、器物、香氛、绿植、书籍、影音等贴近生活本身的各个消费领域。2022 年至 2023 年，宜家相继关闭在上海杨浦的小型门店与静安城市中心店,而以 Cabana、壹集、casa casa、onhéon 等为代表的精品家居买手店与生活方式买手店却持续迎来扩张。时尚买手店开辟生活消费场景也是常见的市场策略,2021 年,素然旗下买手店 in the PARK 开设了第二家门店,在时装外也包含器物、香氛、书籍等选品。

社区型买手店的兴起,根源于后疫情时代人们对线下生活与公共空间的回归。三浦展在其日本消费社会分析著作《第四消费时代》中提到,在当前的消费趋势下,"人们对价值的判断,不再拘泥于单纯通过物质与服务的消费来获得满足,而是通过消费,人和人之间的关系是否能够得以建立"。社区型买手店正是在回应"建立人与人之间的关系"的需求,给人们的休闲生活增加一个"消磨时间"的去处。这类买手店以小规模为主,拥有相对低廉的租金与运营成本,乐于在零售空间之外附加其他生活服务。"周末的午后去楼下坐坐",社区型买手店能提供传统模式难以企及的日常氛围与松弛感,主理人也更容易直接与顾客互动,通过举办社区活动,将门店选品所代表的理念与生活方式延伸至周边的居民,让更多人不仅能来消费,也能获得独特的线下体验。

买手店特有的风格输出功能使它更容易聚集可分享共同喜好的消费者,依托这种喜好建立的人际关联可以打破居住小区或街区的地理限制,让社区型买手店天然带有社群属性。2022 年在上海开业的 hAo mArket (桃江路店) 在门店空间内布局了餐饮、展览、电影放映等区域,甚至开了一个煎饼摊。一家店内聚合了多种生活体验,汇集在这里的顾客大多有着类似的生活意趣,形成了一个"筛选过"的社群。相比于商业属性,hAo mArket 空间所隐含的社交功能吸引了更多的顾客。

在井喷过后的 2022 年与 2023 年,中国买手店的发展狂潮开始受到"虚假繁荣"的质疑。一方面,疫情过后反弹的消费需求逐渐降温,审慎正成为新的时代精神。另一方面,热衷于在互联网上跟风新潮流的消费者们也会更快地抛弃稍显过时的商品,潮流周期缩短给许多买手店增添了库存压力。从国际时尚行业着眼,国内买手店确实取得了流量与销量的双重成绩,但国际影响力尚显不足,输出时尚风格的能力比较有限。

Cabana 门店列表	
店址	开店时间
北京三里屯太古里	2019
上海安福路	2021
上海静安嘉里中心	2021
北京国贸	2022
广州天环广场	2022

买手模式的
新趋势

消费愈发谨慎的市场要求买手店有坚韧的生命力，而面临着不断变化的需求，买手模式也在不断转型，融入更为多样的零售业态。

如前所述，早在上个消费世代，传统百货行业已经开始布局多品牌买手店。虽然多有磕绊，还是有如芮欧百货的 Assemble by Réel、SKP 旗下的 SKP Select 等买手店取得了长足发展。这些品牌都更彻底地抛弃了百货模式，全面转向买手店的运营逻辑，精心挑选品牌，而非小众设计的简单罗列。依托商业地产与多年来积累的设计师资源，这类商场内的买手店仍有其竞争力。

而在线上零售渠道，越来越多的买手型直播间在这条拥挤的赛道上抢占了一席之地。对于买手店来说，运营网店和直播的策略与线下门店截然不同，但买手这一模式的核心在线上依然适用。买手型直播间更像是将门店移至线上的私人买手店，用买手的选品审美、个性魅力而非商品价格来吸引消费者，是电商增长乏力现状下的新突破口。

综观买手店市场的现状，伴随着中国设计师一同成长的本土买手店品牌依旧维持着声量与活力；精细运营的新零售买手店正向自己的核心受众讲述品牌故事；面向社群的买手店逐渐在城市空间中找寻到属于自己的社区生态位置。在买手店概念越来越成熟的语境之下，更重要的或许还是回归买手模式的本源，即"为顾客选品"，跟紧目标顾客的消费变化，找准自己的核心优势。

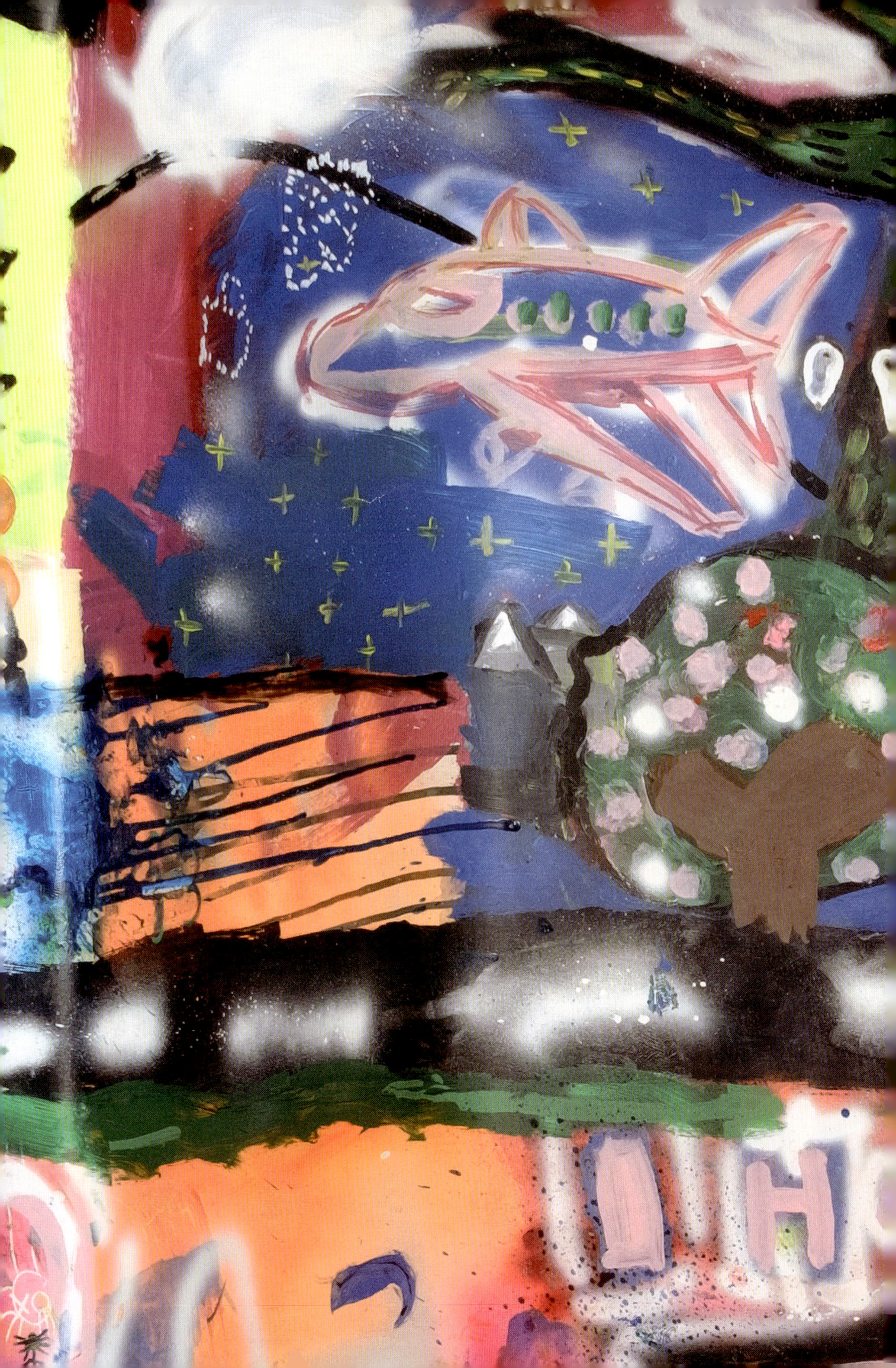

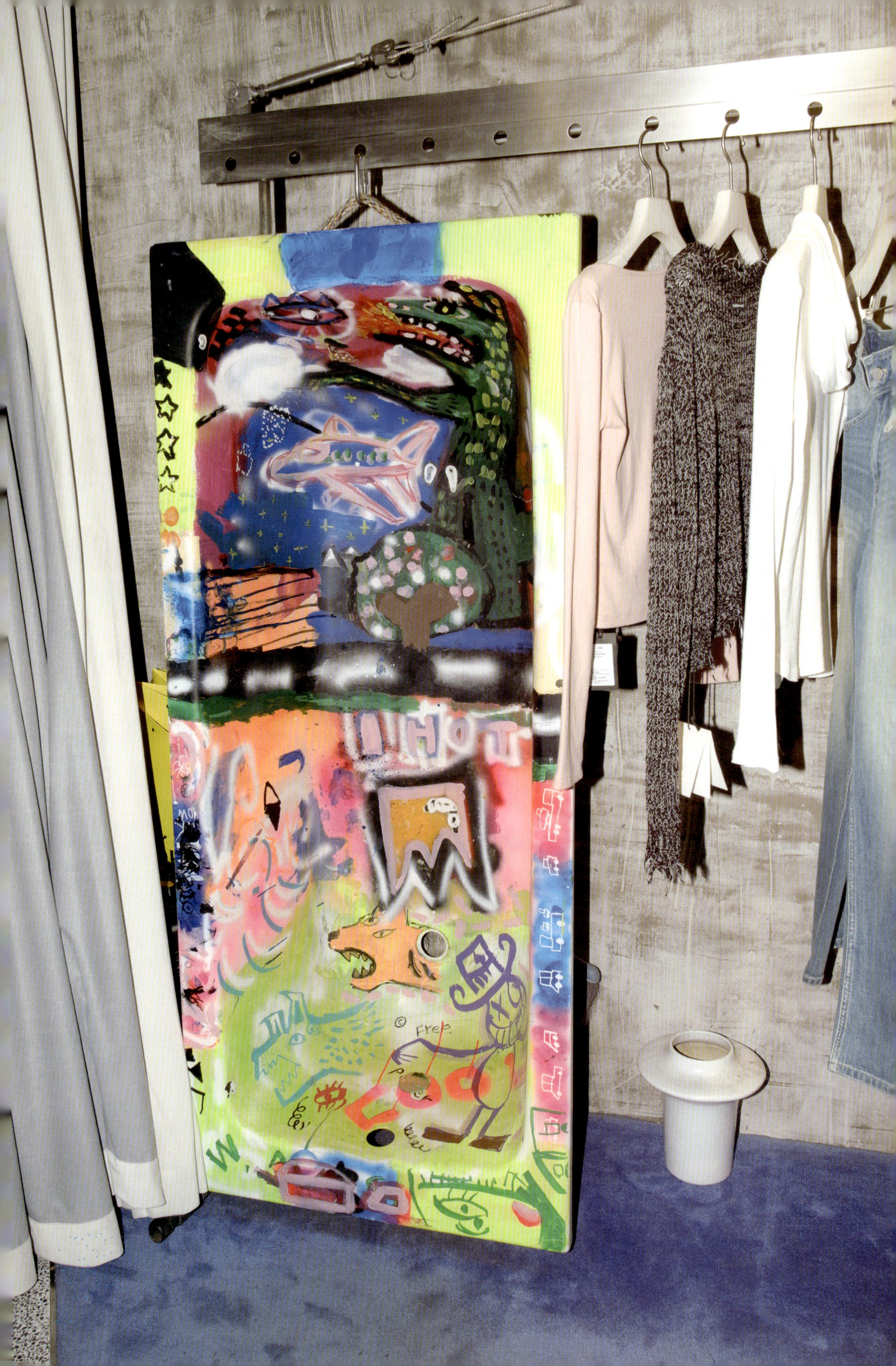

胶州路
XC273
PARK MALL

愚园路
Element

茂名北路
RE 而意

SHANGHAI

企划命题 100 分钟时间内在上海街头随机寻找买手店拍下有意思的细节

摄影师 GOUPIXIAO

交通方式 共享单车 / 地铁 / 出租车

最终用时 91 分钟

安福路
LOOKNOW

淮海中路
Naughty Vintage

宝庆路
3R LABS

上海街头 100 min

策划 杨慧 | 统筹 黄洁娴

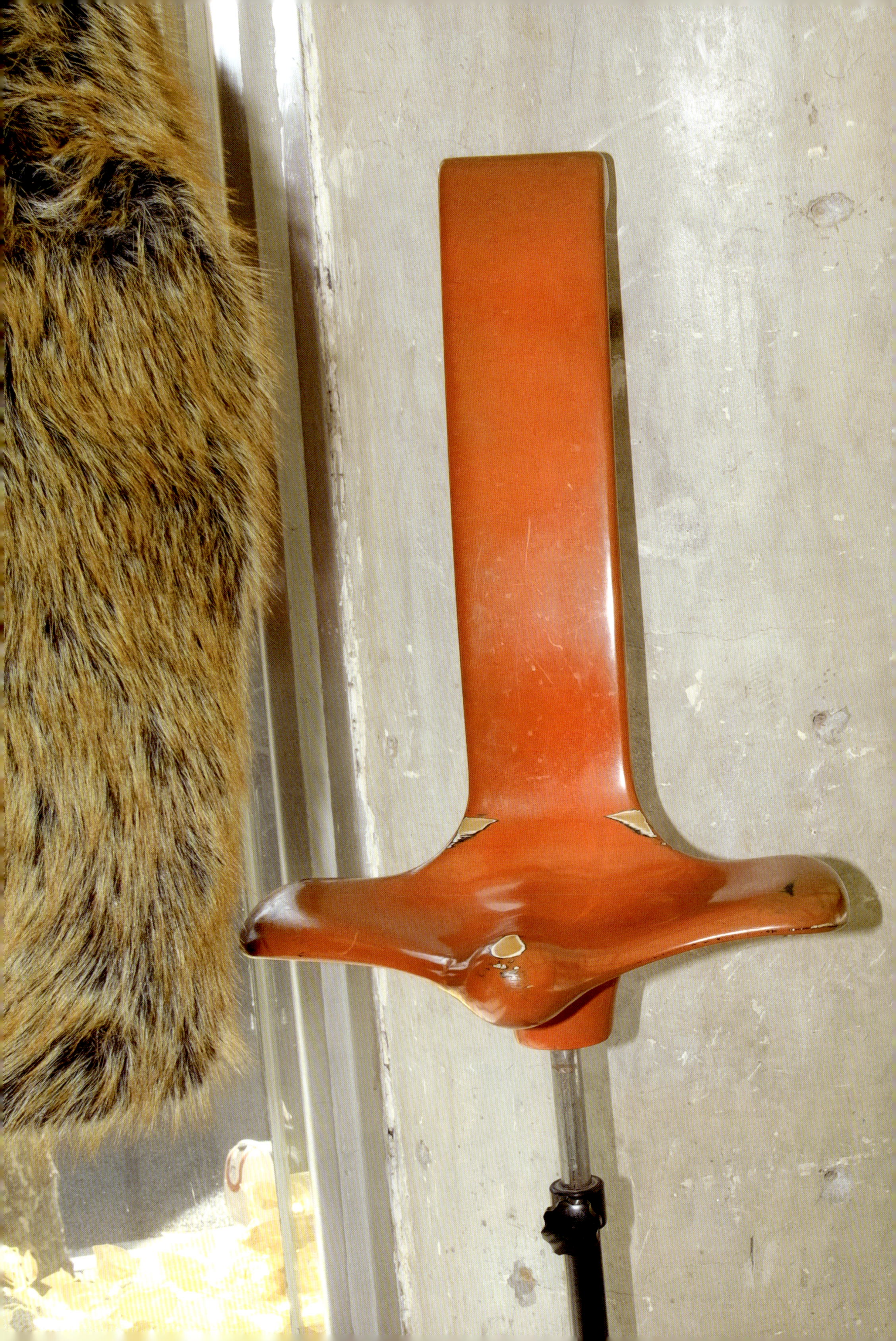

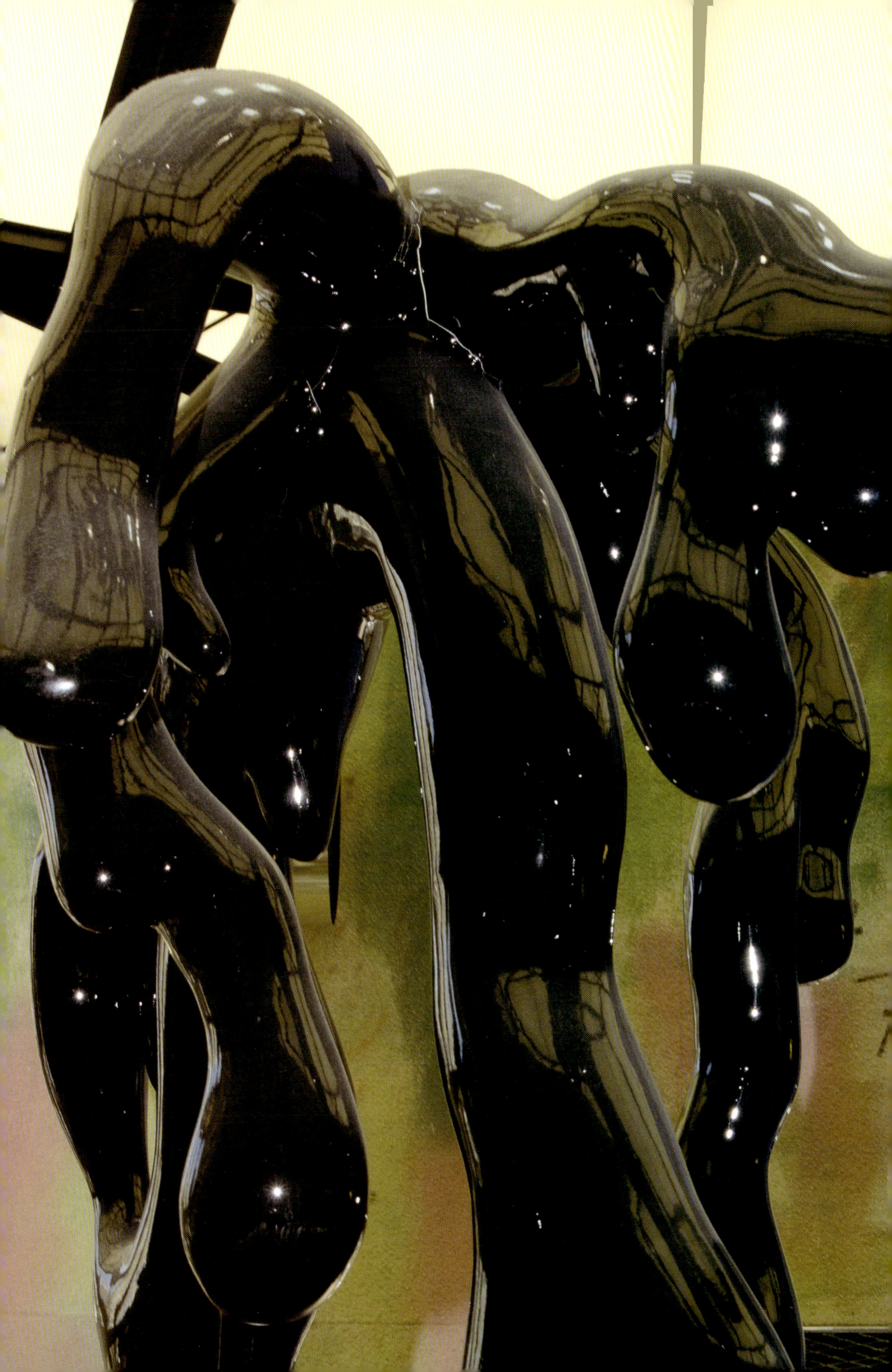

style de la
Pertinence
de l'esprit
d'intellectuelle

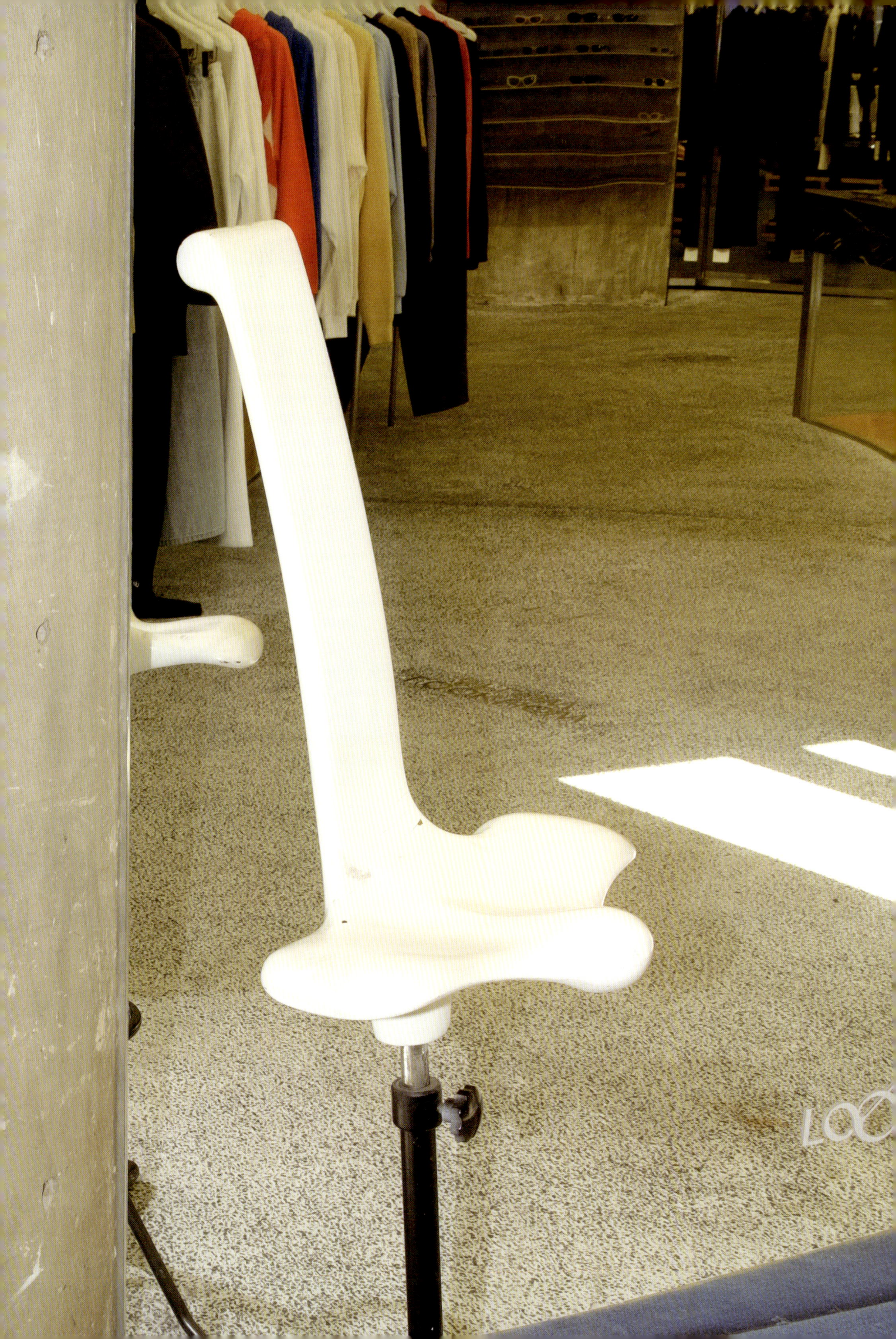

PARK MALL
RAREWARE
sound_ in the Park
An Ko Rau

天地無用打工人

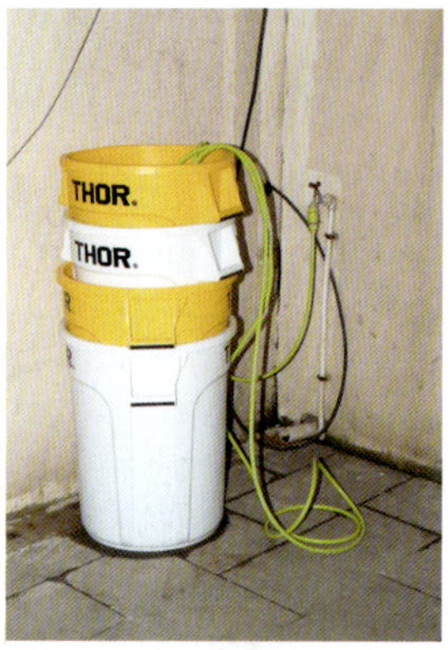
THOR.
THOR.

Riding is Living

Welcome!

Coca-Cola

OBJECTIVE	S
Brew off the charts.	

NO.12, 273 Lane, Jiaozhou R
Jingan, Shanghai

#02 [coffee bush]

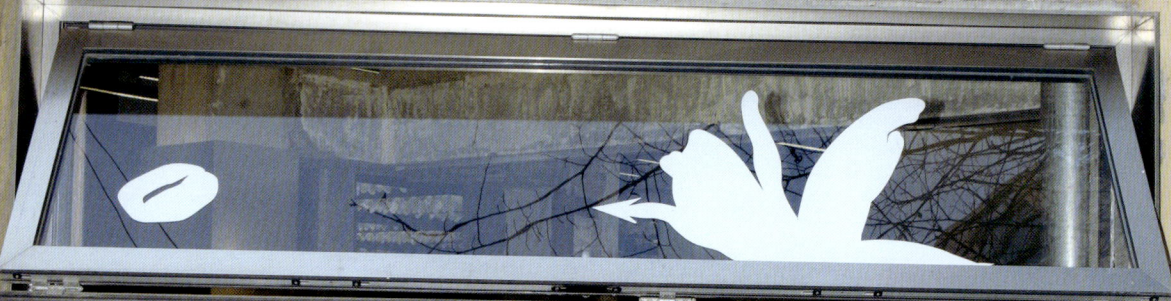

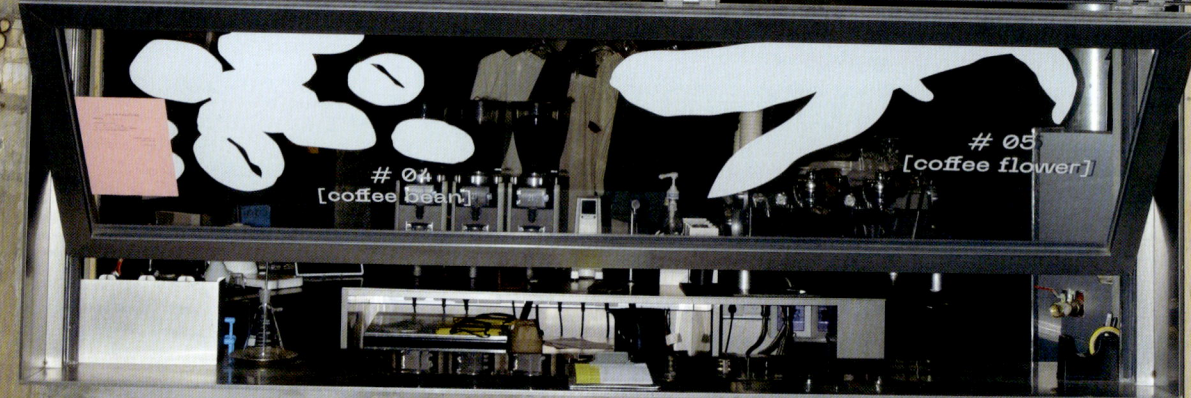

#01 [coffee tree]

#03 [coffee leaves]

#04 [coffee bean]

#05 [coffee flower]

NO NAY

OBJECTIVE
Brew off the charts.

NO.12, 273 Lane, Jiaozhou Rd.
Jingan, Shanghai

SIZE
278×505 (cm)

OPENING HOURS
08:30→17:30

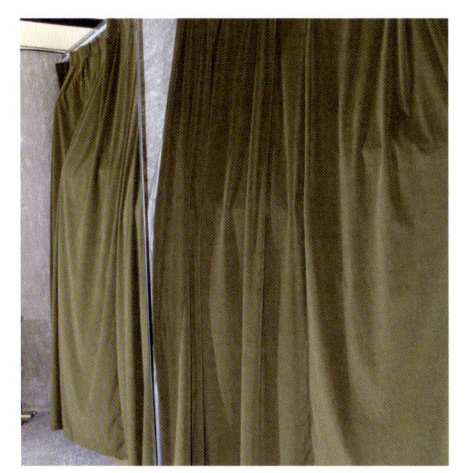

> "The unexamined life is not worth living.
> But the examined one is no bargain"

01
[coffee tree]

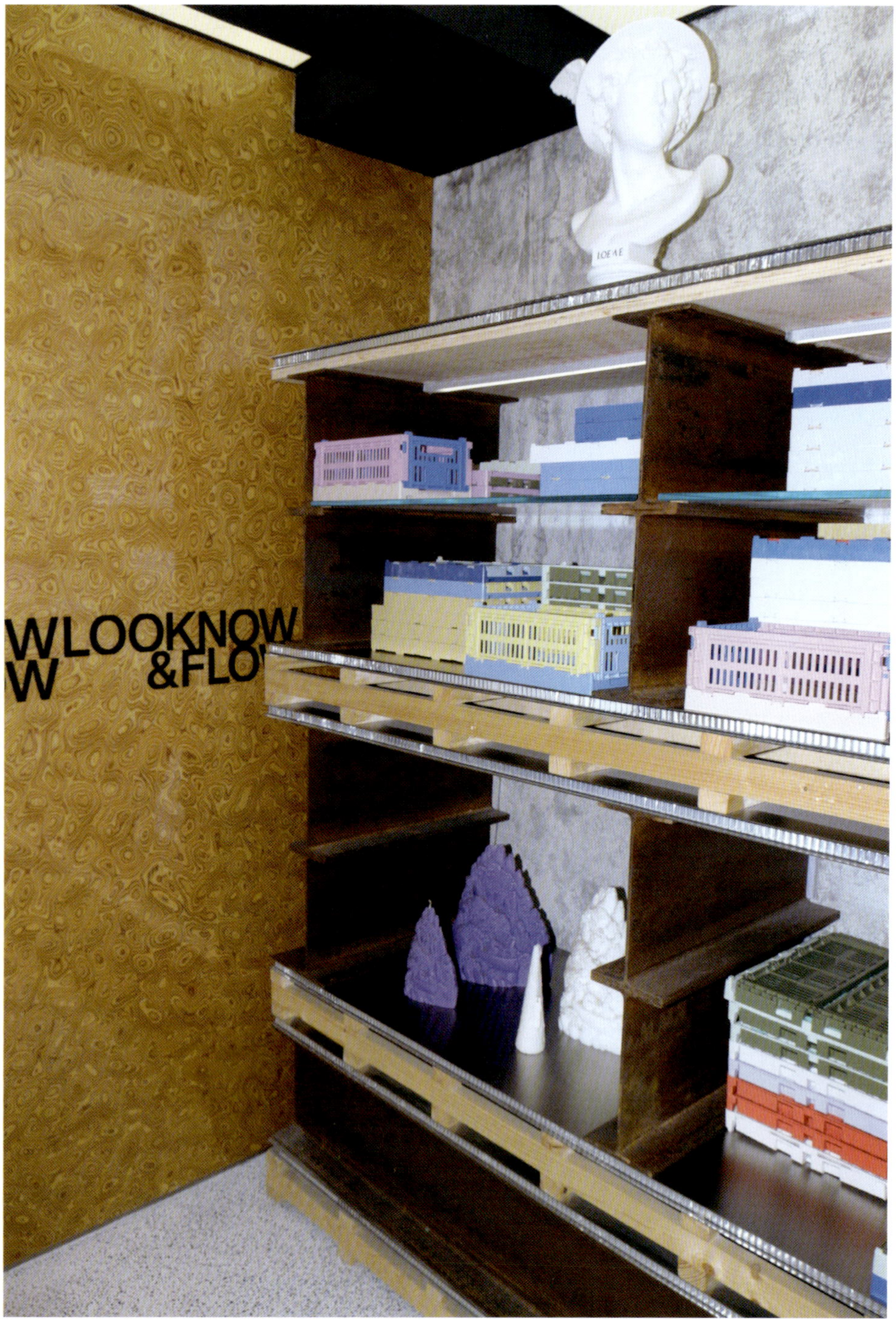
WLOOKNOW
W &FLOW

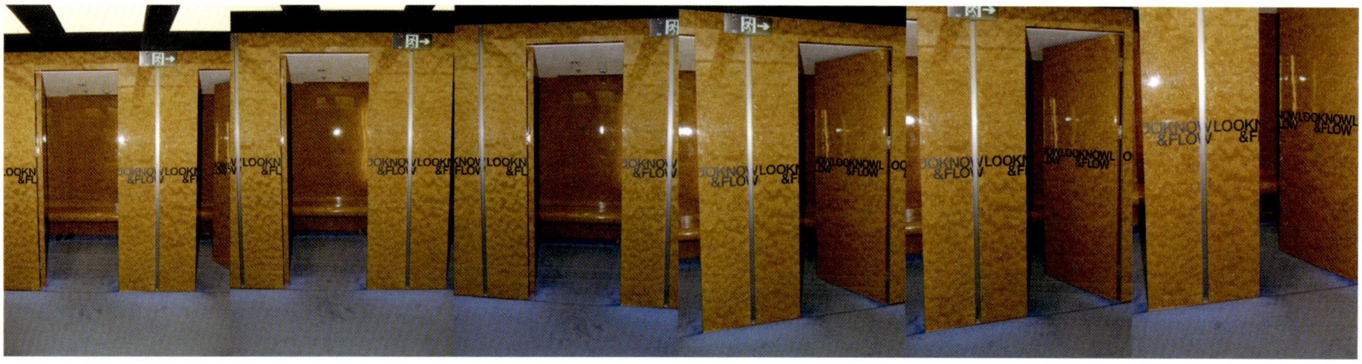

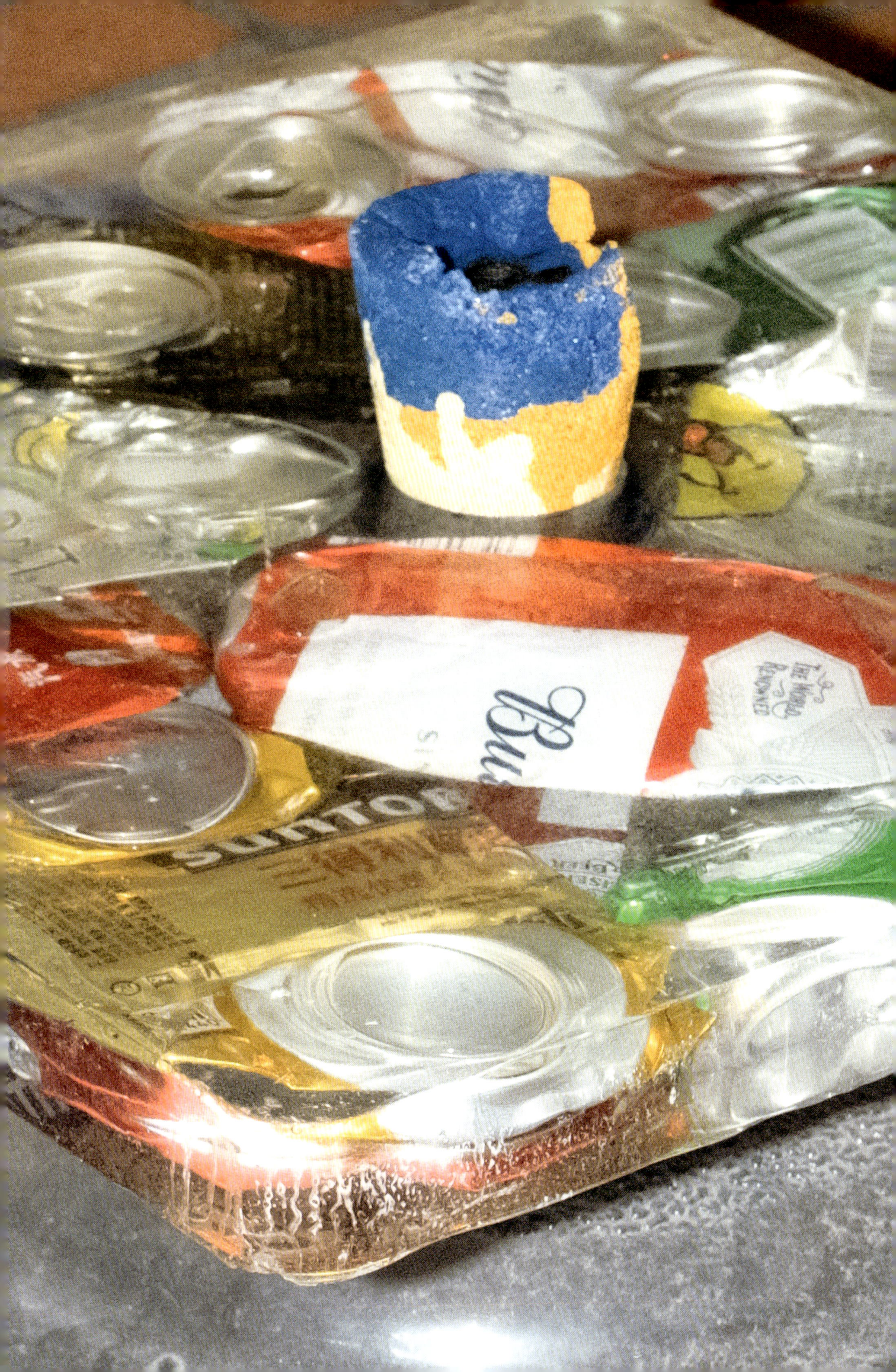

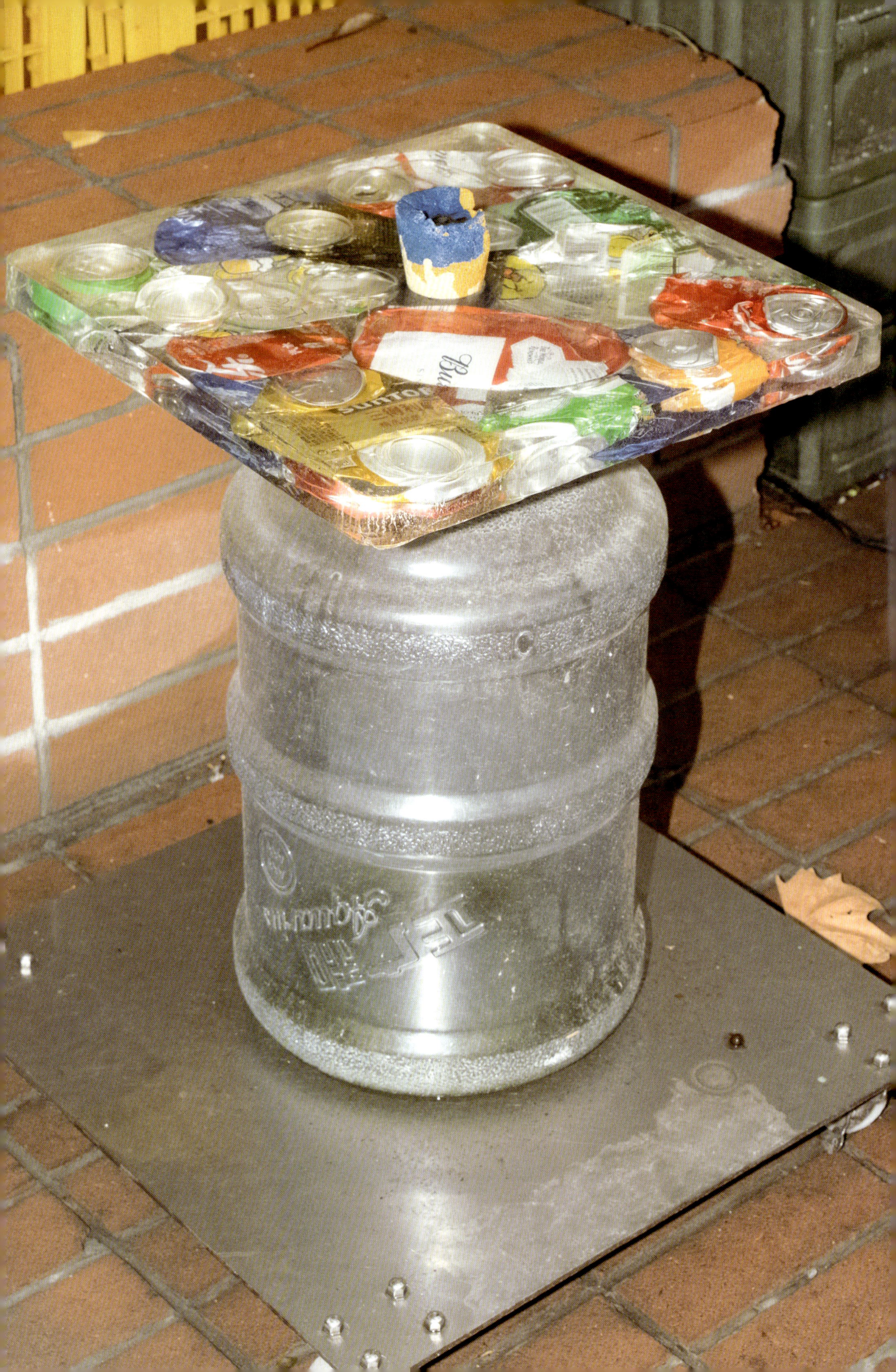

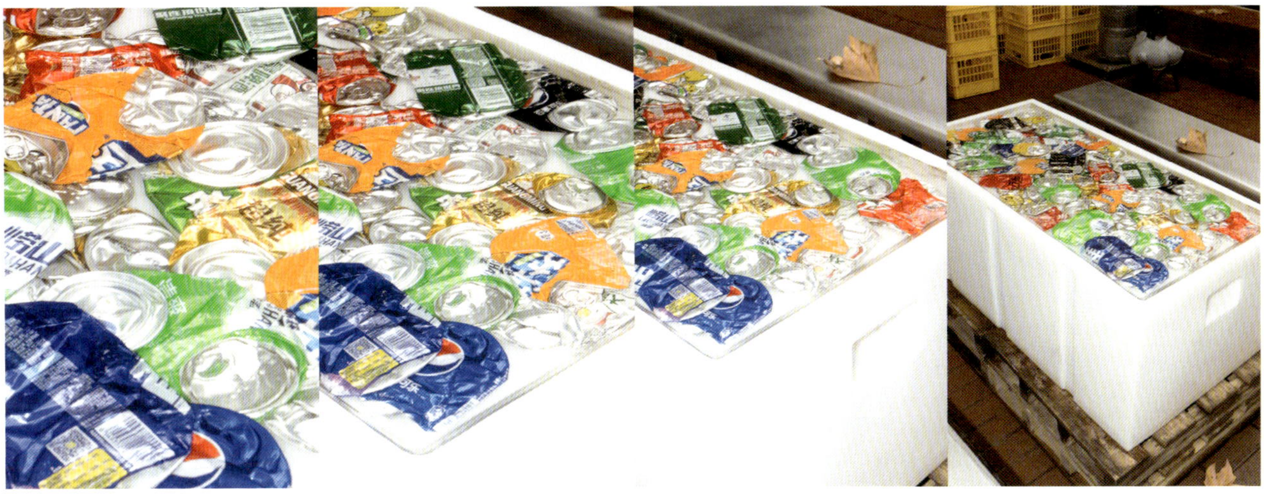

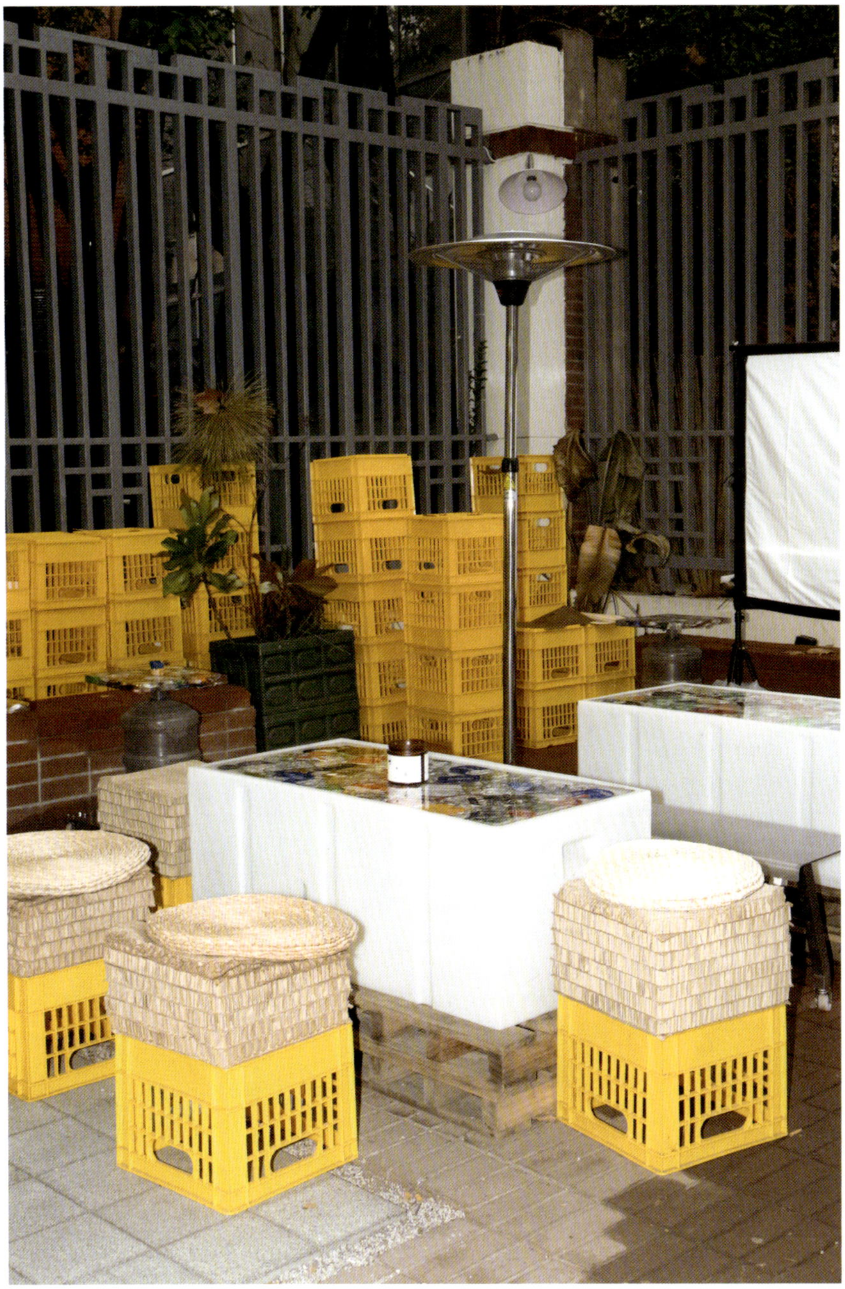

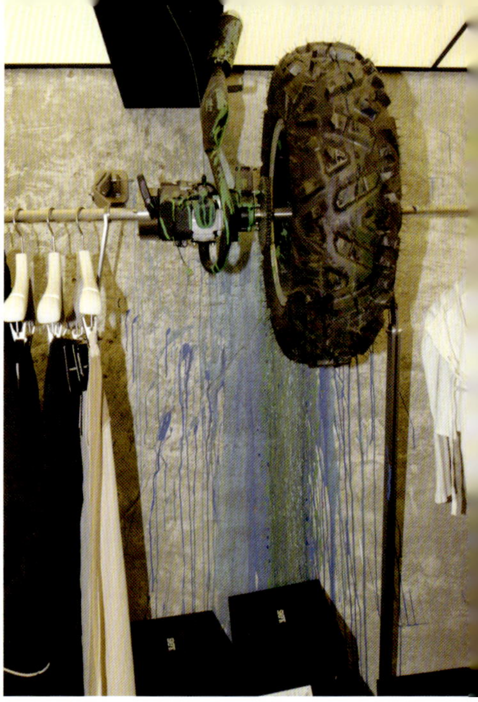

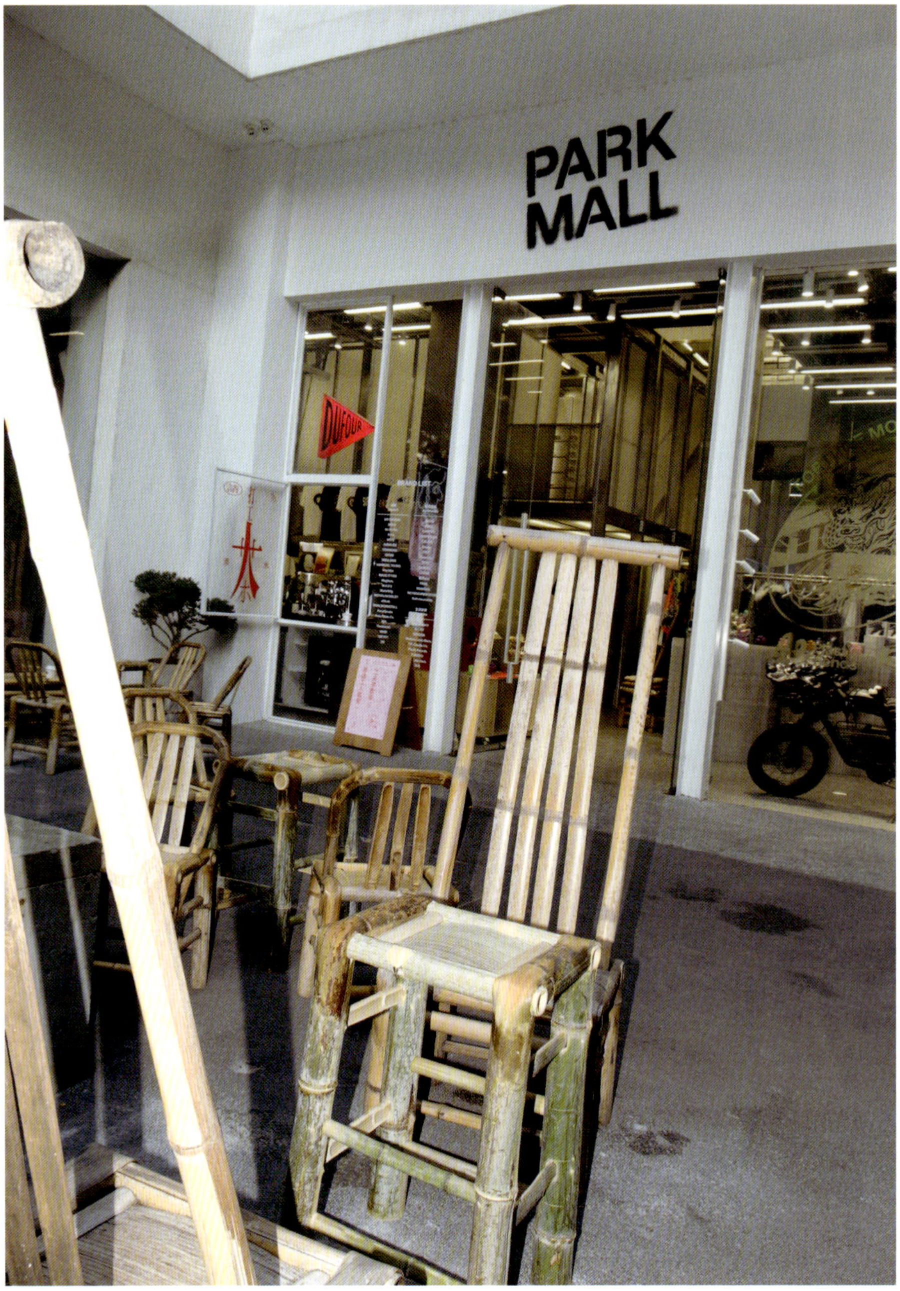
PARK
MALL
DUFOUR

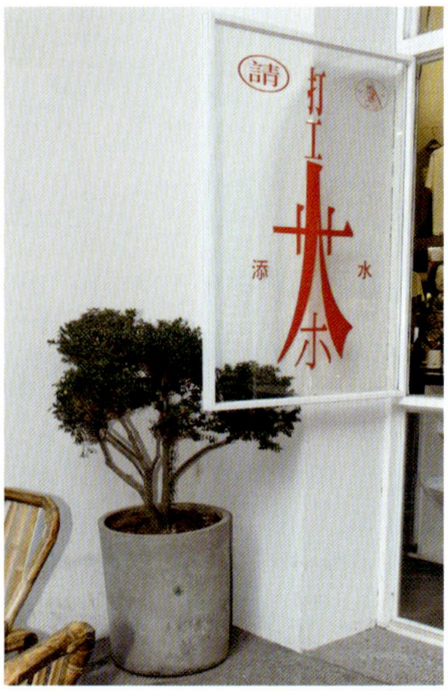
請
打工
添
水

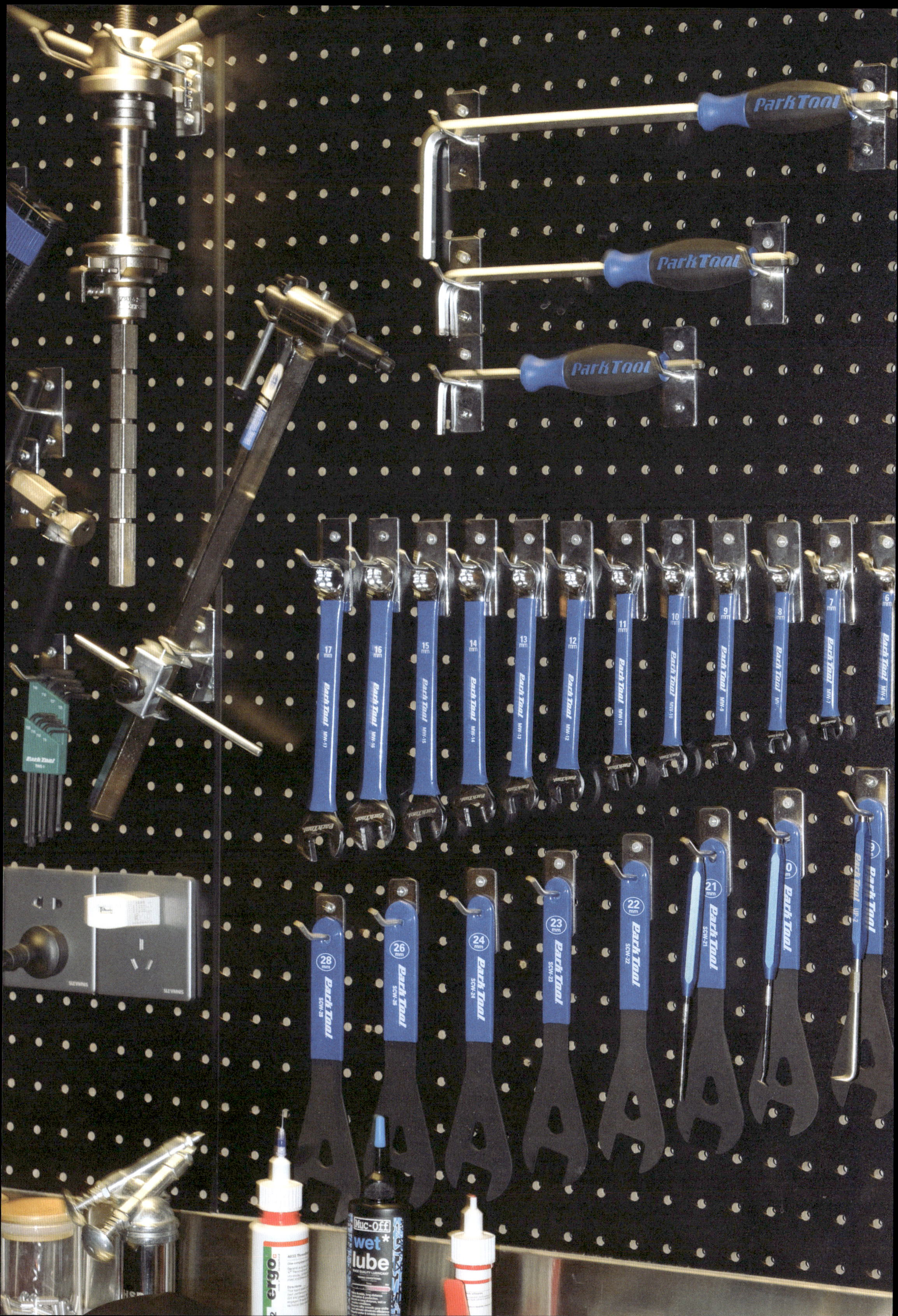
ParkTool
ParkTool
ParkTool
Park Tool
28 mm
26 mm
24 mm
23 mm
22 mm
21 mm
Muc-Off
wet
lube
ergo

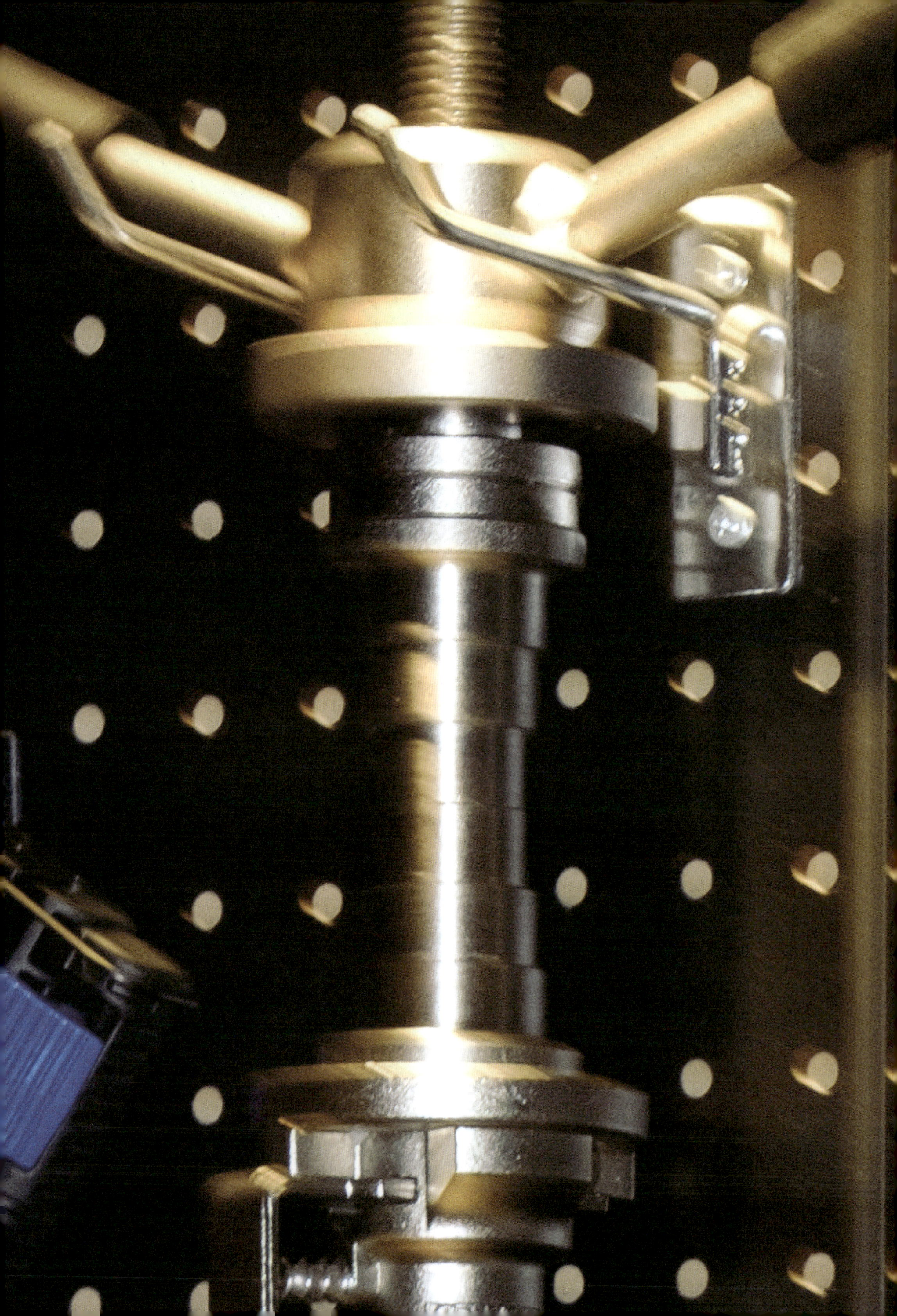

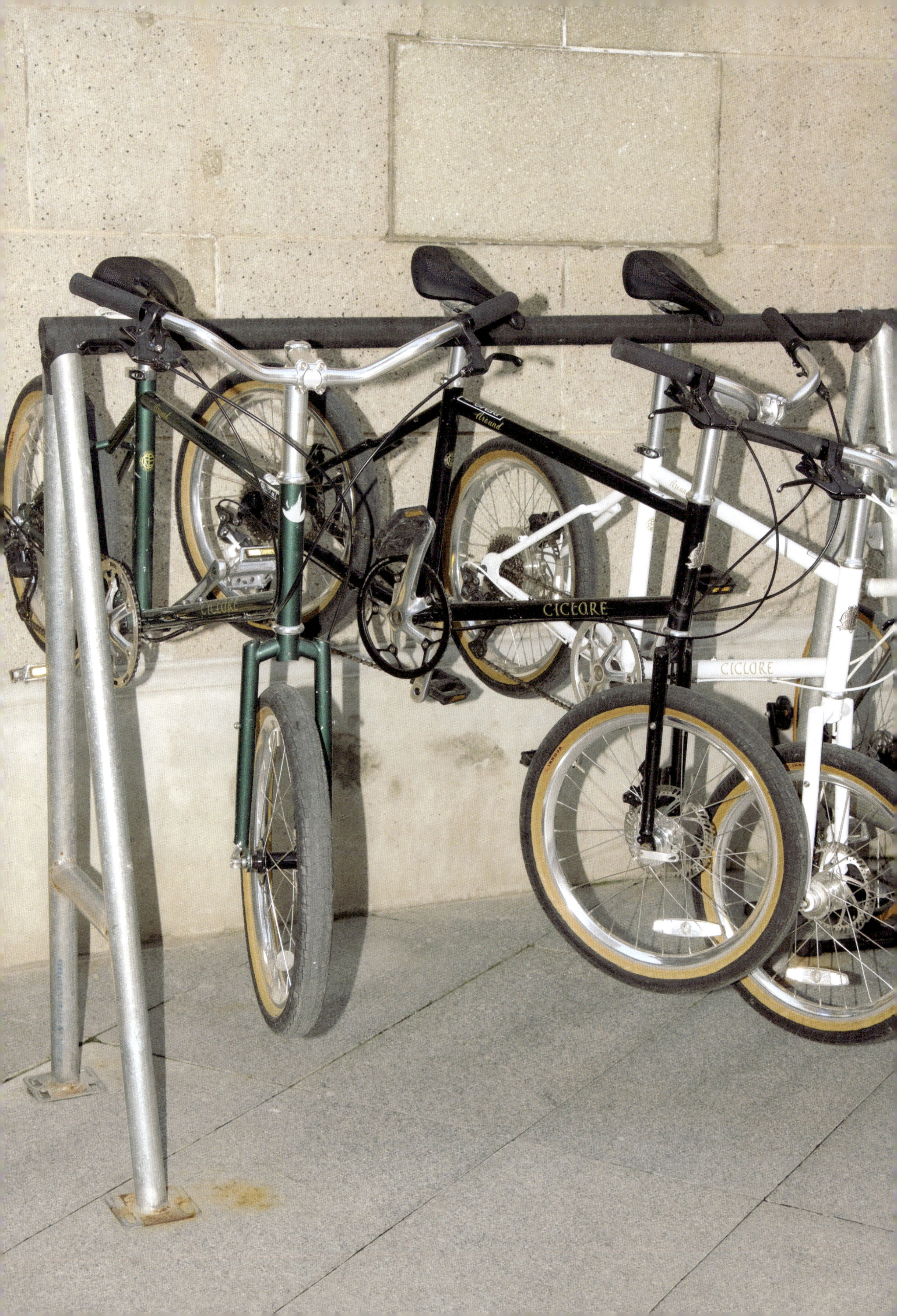
CICLORE
CICLORE
CICLORE

采访 杨慧 ｜ 撰文 杨慧 刘浩堂 ｜ 拍摄 何佳 GOUPIXIAO ｜ 资料图片 "示場"

No.30, Lane 319, Jiaozhou Rd, Shanghai
XIANSUO 2F & 3F

"示場"
THE MARKETPLACE
：
让一切自然发生

示場

The Market Place

作为目前中国零售业发展和消费综合实力最好的城市，上海汇集了国内最多数量的买手店，同时是各式新型零售体的试验田。海外的新趋势从这里涌入，又与本土化浪潮碰撞融合，加之多样化和快速迭代的竞争环境，催生出一些全新的零售体。它们大体上还是归于买手店的广义范畴内，却又难以用传统概念标签或简单一句"新零售"去定义。在这样的背景下，我们选取了 2022 年诞生在上海桃江路的"示場 THE MARKETPLACE"（以下简称"示場"）作为其中一例样本，来看看历经风云的中国买手店如今有哪些新景象。

2022 年 2 月，从事时尚投资多年的 Sasha 从前一份工作离开后，在 400 多米长的桃江路上租了一个空间做工作室。起初只有 5 个品牌，集合了她喜欢的先锋时装、手作配饰和一些器物，并在社交媒体做了简单的发布。也许是选品和呈现格调过于独特，这个"顺手发了一下"的动作，为"示場"赢得了最早一批关注和顾客。很快地，工作室无法再满足存货与展示需求，同年 8 月，"示場"第一家正式门店在安福路开业。

这是一间仅有 80 平方米的老洋房，内部装潢修旧如旧，坪效极高，配饰、古着、器物、艺术装置等混杂陈列，空间内特别惹眼的是设计师 Shimin 用毛笔提在黄铜框镜子上的两个字"示場"（这两个手写字之后也复刻到了新店里）。提到 Shimin，他既是整个品牌的艺术总监，也是视觉工作室 rainreinreign 的主理人，工作内容兼顾内部与外部，起初不大的店铺里专门开辟了一块区域，售卖工作室设计的一些创意作品。彼时，"示場"不同于传统零售体的开放性已初见端倪。

(1)
早期安福路店，Shimin 把"示場"写在旧黄铜框镜子上。

2023 年 6 月，"示場"在胶州路现所二期的新门店开业，初期即占据了三楼约 800 平方米场地，又在年末增加了二楼区域。零售范围也扩大至服装、配饰、家居、香氛、书籍、花艺、日用杂货等全品类，并且有了更多的策展和活动空间。2024 年初，第三家门店在昭化路 C·PARK Haisu 开业，主打实验音乐与零售混合的新模式。同期，桃江路 Studio 也在升级，未来会作为更纯粹的"品牌客厅"来使用。此时，成立刚满两年的"示場"已经在上海三个热门商业区布局，但细看之下不难发现，这三个区域都有着一定程度的"非标"感，这和"示場"自身的形态不谋而合。

(2)
2024 年初开业的 C·PARK 店。

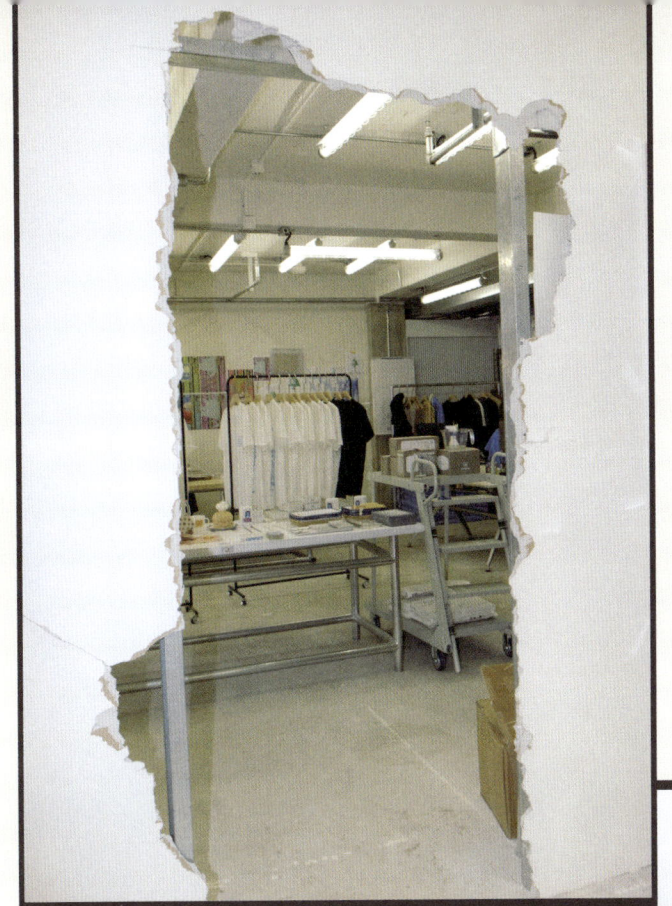

(3)

(5)

(3-5)
位于上海胶州路的"示場"(现所二期店)。

(4)

非标，即非标准化。在"示场"的小红书主页置顶笔记中，有着这样一段品牌自述：

示場 THE MARKETPLACE

我们是一个把想象兑现成现实的综合零售空间。

充分发挥自身作为策展型零售平台的场景优势，努力将所有关乎审美的趣物以文化策展的共创形式呈现在大家面前。

在这里，我们同台呈现经典与新兴：来自世界各地的艺术家及设计师的作品都能在这里觅到；时尚配饰、生活方式、精品古着、孤品器物、艺术装置……在我们看来，每一件产品背后都蕴涵着创作者各自的故事，都是有温度的"艺术品"，值得我们细细欣赏。

言而总之，我们希望「示場」可以是一个与创作者们双向选择、群体共创的零售场所。

让消费回归审美本身。

即便如此，站在消费者的角度，依旧有很多人说"看不懂'示场'是什么"。而答案恰恰隐藏在品牌的中英文名称当中，"示场"可以理解成"展示的场所"，THE MARKETPLACE 指向纯商业概念的"市场"，名字融合了感性和理性，但内核都直指某种意义上的"空"——具象些来讲，也就是媒介或平台。是的，"示场"在用做"内容平台"的思路做零售。平台意味着需要不断填充内容，我们这里借用互联网行业常用的 OGC（品牌生产内容）、PGC（专业生产内容）、UGC（消费者生产内容）来简单拆解。

OGC 是"示场"团队的基因优势，行业经验与 rainreinreign 在视觉上的强势输出让品牌天生具备识别度，能不断生产新活动、新展览、新主题；PGC 可以体现在选品和对外合作上，好产品 = 好内容，好的联名方可以促进好创意；UGC 则是以前两项吸引来的优质顾客为前提，Sasha 提到店内顾客很多是其他品牌主理人，这些"专业型"消费者的建议和反馈，能反向给品牌带来新思路。

虽然"示场"的目光聚焦在线下，尚未正式开启线上业务，但它已经自发地在用线上平台"打造生态"的模式来运营，通过开放性来经营一个场域，让各种创意在这里自然发生。

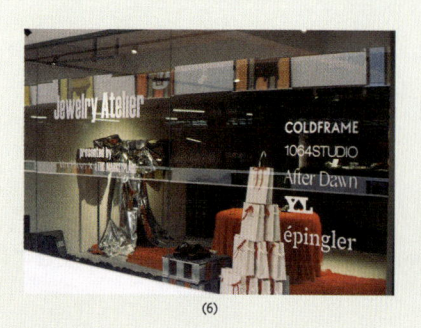

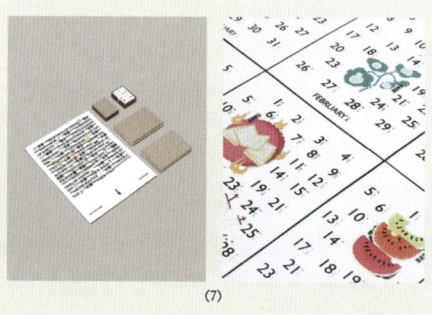

(6)
"示场"与设计师品牌饰品集合店 Vita Planet 共同合作的 POP-UP（快闪店）。

(7)
"示场"与创意工作室 Continew 及视觉工作室 rainreinreign 合作开发的 2024"生生之气"挂历。

（右页图）
Selfhood 家居产品系列 | 2022。

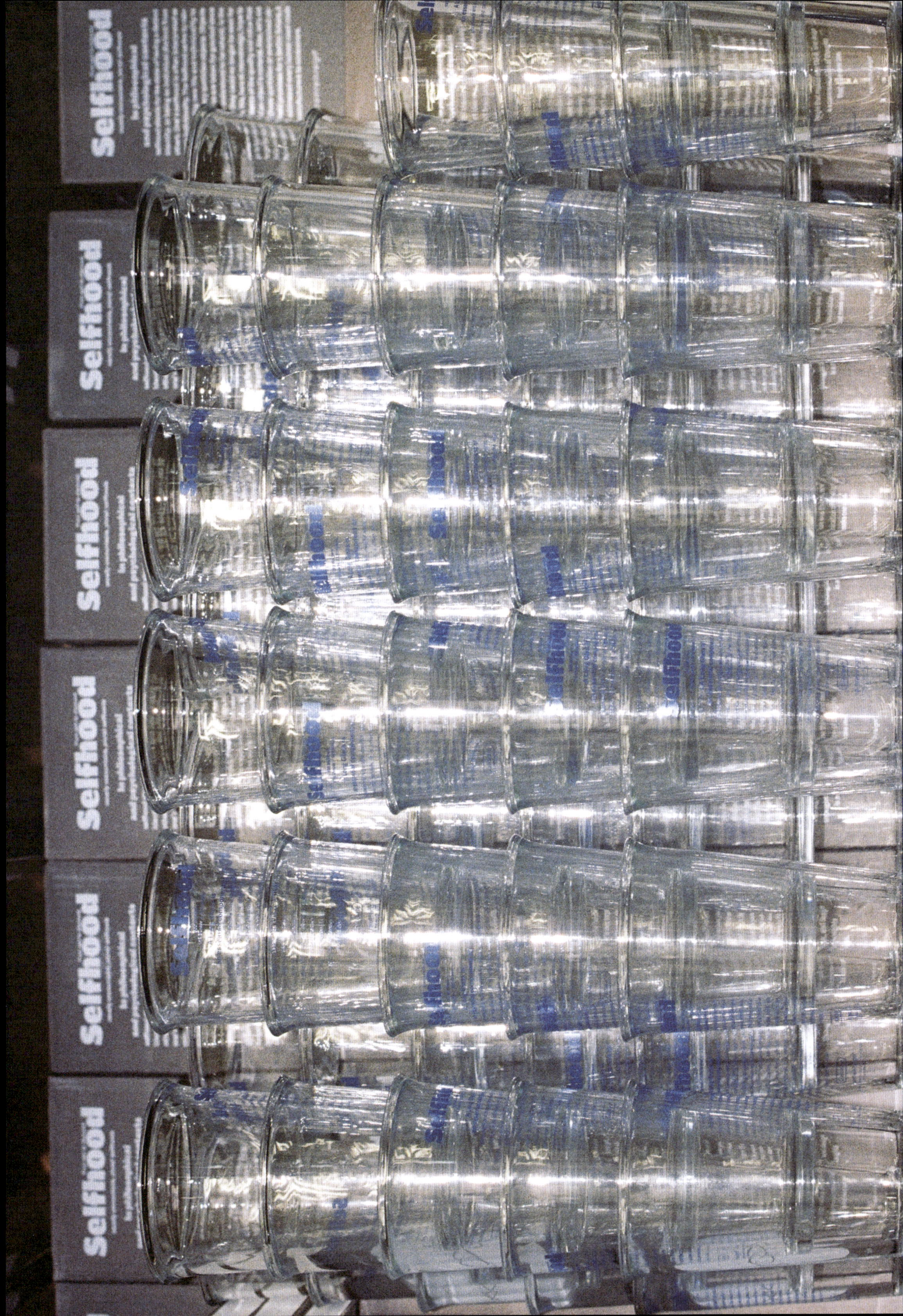
Selfhood

rainreinreign 视觉工作室办公区

The Market Place

访谈
(a) about (S) Sasha

profile

Sasha

女，上海人，生长于风云变幻的20世纪90年代。大学主修法哲学，由时尚投资开启职业生涯。

(a) 我们了解到你之前从事时尚投资行业，深度参与过奢侈品牌和潮流品牌进入中国的项目，这方面经验如何帮助现有业务发展？ (S) 之前的工作经历让我接触到不少艺术家、艺人、全球创意人，在投资上也训练出了敏锐的嗅觉。综合这两方面，我发现自己特别擅长"帮有创意能力或影响力的人做第一笔生意"这件事。但即便是自带流量的明星，"示場"在合作上还是维持强势态度的，我们会遵从商业规律和自己的标准来制订方案。

(a) "审美"这个词反复出现在"示場"的品牌描述中。在你们的语境里，什么可以被称作"审美"，这是品牌的关键驱动力吗？ (S) 我觉得"示場"的这套审美构成是我们最大的成本。或者说，我们是以审美为驱动，将抽象概念在消费场景中具象化。

(a) 如何理解"审美是成本"这个说法？ (S) 简单来讲，"示場"里的商品都不是"必需消费品"，顾客在这里本质是在消费一种他们认可的"审美"，而积累审美的过程就是我们的成本，它需要投入钱、时间和精力来换取。也正是对审美的投入，让"示場"从整个商业市场里显露出来，它可以省去一部分营销，吸引顾客主动找过来，并且这类顾客大概率会成为高黏性用户。当然，用审美这种理想化标准来选品是有风险的，但现阶段我们乐于承担这种风险，让它驱动着"示場"中不那么商业的部分。

(a) 对于整个品牌来说，审美这种抽象的驱动力要如何长期保持呢？ (S) 审美是由人驱动的，那就回到了团队这个话题。为了招聘到和我们同频的人，最近面试时我都会问："你最喜欢的三本书和三部电影是什么？"这个问题考验的并不是答案俗或雅，而是一个人是否有吸收、独立思考、再表达的能力。如果一个人想半天也无法作答，那大概就不适合我们。同理，我们在选择外部合作方时也会大致遵循类似的标准，毕竟"共创"是以双方高语境沟通为前提的。

(a) 从外部视角看，"示場"好像在做很多跨领域的工作，目前品牌整体业务结构和收入结构是怎样的？ (S) 首先当然是以"示場"命名的零售空间业务（收益占比约30%），此外基本集中在创意和咨询业务。创意方面，我们有自己的品牌视觉工作室rainreinreign，除了解决内部设计需求，也会独立开发视觉创意产品，以及承接外部设计委托；还有一个多维度创意工作室BloopBloop，专注于艺术装置的设计及落地、品牌线下活动的空间整体规划等。咨询业务方面，我们主要是为海外品牌落地中国提供品牌战略、联名活动线下落地、宣发推广服务等。

(a) 听起来依旧很复杂，为何会发展成这样一个较难被定义的形态？ (S) 可以说是顺势而为吧，比如有品牌找到我们设计VI（Visual Identity，视觉识别系统）和产品包装，我们自然也会提供一些宣发和表达上的支援，最终又会达成零售上的合作。对我来讲，这个全新的商业模式一直在变化，没有传统企业那些条条框框。

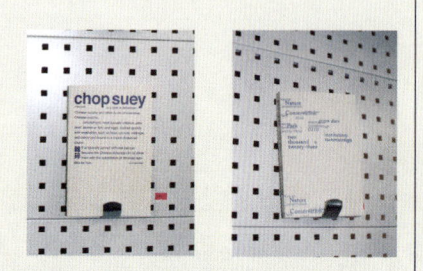

rainreinreign 2019年—2022年设计案例、摄影随笔集 chop suey。

rainreinreign 办公区兼部分货品仓储区。

摆放在工作室一角的自用书籍。

(a) 这样听下来，上述这个要求似乎是面向团队内所有职位的。　(S) 是的，这也是我们有别于传统零售体的一点，我们不招单纯的销售店员，也不会用一套标准话术来"统一口径"。团队现在二十多个人，包括我、设计师、买手、财务，都是店员，都会去服务顾客。大家对品牌和产品的理解力在一个高基准线上，也都有很强的专业度，会用自己的方式输出一套恰当的表达。

(a) "示場"迟迟未推进线上零售业务，是否也和"人"的因素有关？毕竟电商运营是另外一套逻辑。　(S) 有一定影响。我的观察是，能把电商做好的人往往有一个典型特征，就是和创意人群比较割裂。我对团队内人与人同频的要求很高，如果新增职位较难达到这一点，我宁愿采取保守策略，再等一等。此外，就"示場"的定位来说，线上渠道很难体现我们的特点和优势，线上是否能反哺线下也是个未知数。

(a) 虽然没做电商，但你们在社交媒体上还是很活跃的，对于线上流量的使用策略是什么？　(S) 我很喜欢"'示場'是媒介"这个说法，不过要拆分一下零售和传播。早先我做初步品牌筛选的时候就在社交平台上做内容分享，但问题是流量高的商品可能只是在预售，等订货完成，这波流量已经被互联网忘记了。配合流量去做线上零售，这件事风险太高。"示場"确实有创造话题和流量的基因，但我们更愿意当个花匠，给新品牌新产品偶尔浇浇水，做好传播，让它们自己生长。

(a) 这样看来，线下依旧是你们在营销侧的主阵地，线上内容很多也是导向线下空间的。　(S) 是的，我们的营销核心是在线下策划各种活动，开发出比较新的呈现方式，这样自然能带动线上传播。线下内容需要注意时效性，我们不会做很长周期的计划，不过团队的执行能力很强，有时一次活动从敲定到呈现只需要一周时间。

rainreinreign 设计师兼主理人 Shimin 正在店内服务。

2024 年初的活动企划："示場"书房。

"示場" THE MARKETPLACE：让一切自然发生

(a) "示場"的空间陈列给人很强的"编辑感"，也就是在细节处会感受到海量信息，营造这种氛围有什么技巧？　　(S) 陌生化是设计师常用的方法，它包含两个方面：将常见的物品安置在陌生的地方，与将陌生的物品安置在常见的地方。我们很擅长在选品与陈列中完成内容的陌生化，比如把在欧洲或是非洲常见的品牌带给国内陌生的消费者（这也符合顾客群体对小众、新颖商品的喜好）。陈列上的陌生化则十分具体，这主要得益于在实操时迸发的灵感，例如衣架是用废弃的消防管改装的，首饰陈列桌是桃江路办公室坏掉的旧门板。

"示場"空间细节。

(a) **在你的观察里,"示場"的顾客群体有哪些特征?** (S) 比较典型的两类画像是品牌主理人和自我主张很明确的年轻人。很多主理人和我们在审美上有重叠,并且认可我们在做的事;至于年轻人,我觉得是因为他们能在"示場"接触到一些独有的选品,满足对"新奇"的需求,并且将之转化成一种社交货币。

(a) **站在从业者角度,谈谈对零售市场未来发展趋势的个人理解。** (S) 我观察到的趋势是精准消费。大众性的标品零售最终会转移到线上去,而线下零售空间会更加个性化,品类会越来越细分,市场也向深处延展。很多街边小店的选品都和主理人的个人属性强相关,在细分领域深耕久了,自然会吸引来懂你的消费者,所以要服务好这些核心群体。也不必害怕买手店的品牌基因被表达得太晦涩,核心群体会自己循着这些表达找到你的内容和商品。

(a) **我们很好奇以 rainreinreign 名义推出的自有品牌 r³,它的定位是怎样的?**
(S) r³ 的产品线会涉及多个品类,既做衣服,也做家居用品,在商业上它是完全独立的。我们不以"示場"的名义来做,是想让"示場"始终保持一个"场域"的内核——它可以把很多东西放进来,但本身应该是不被轻易具象化的。

rainreinreign 自有品牌 r³。

快问快答 FAQs * Sasha

分享两家想要安利给别人的买手店

第一家是巴黎的 The Broken Arm。喜欢它的原因很简单，在巴黎这种地方能坚持只卖主理人喜欢的东西真的很难，而它不但生存下来了，还在持续扩大。另一家店叫 Antonioli，开在米兰的运河旁边，三十多年来一直坚持挑选试验性和前卫性的暗黑风格品牌。它们身上都有我欣赏的某种一以贯之。

上一次在买手店买到的，让你感觉"还好没错过"的东西是什么？

是我在 The Broken Arm 买的白噪音磁带，这是他们和一个叫 Hospital Productions 的厂牌合作的商品。磁带外面套了层细密的黑色丝网，有一张柯达胶片，看到它就知道里面的音乐是什么风格。这个东西没有实用价值，但是我很想买，这种合作模式是我一直想在国内尝试的。

假如店里只能循环播放一张专辑或一首单曲，你会选择？

《绝美之城》（La Grande Bellezza）(2013) 电影原声带。

推荐一本近期看的书

陈嘉映的《走出唯一真理观》。这是一本哲学书，我是学法哲学的，但还是对抽象的辩证的概念更感兴趣。读这本书让我感觉心态上十分放松，对未来的确定性也增加了。

快问快答 FAQs
about〔编辑部〕*
Sasha

Section 2　中国的新浪潮

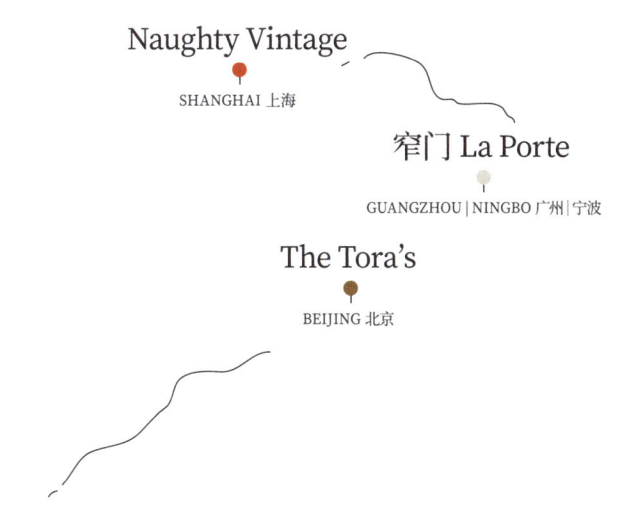

采访 & 撰文｜赛音　　编辑｜刘浩堂 杨慧　　拍摄｜GUOPIXIAO 赛音　　资料图片｜各方惠允

Naughty Vintage
SHANGHAI 上海

窄门 La Porte
GUANGZHOU | NINGBO 广州 | 宁波

The Tora's
BEIJING 北京

菲林好玩胶片相机
CHONGQING 重庆

Bol Select
MACAO 澳门

手手仓库 GALLERY
SHANGHAI 上海

我们身边的那些"小店"

漫步于城市中，我们常能在街巷深处发现一些别致的小型买手店，它们专注于主理人最熟悉的领域，或是中古家具与古着，或是小众香水，或是胶片相机……这些小店像是一个个隐藏在城市脉络中的宝箱，往往店面不大，却总能带来令人惊喜的商品。这些店也不只是商业空间，更是充满着温馨故事的小小角落。我们探访了6家小型买手店，与各自的主理人对话，了解他们独特的品位和风格，希望能展示由热爱积聚而成的多样性与生命力。

SHANGHAI
Naughty Vintage

> 为自己挑选一款
> 店内的
> *Vintage* 单品。

> 1997年"超级碗"比赛
> 绿湾包装工队
> (Green Bay Packers)的夺冠卫衣。
>
> 他们在 1996 年常规赛中总计交出 13 胜 3 负的战绩,
> 紧接着于次年 1 月 26 日"超级碗"总决赛中夺冠
> (也是队史上的第三次"超级碗"冠军),
> 可以说这件卫衣见证了 Packers 的巅峰时期。
> 此外,1997 年也是我的出生年份,
> 于是决定把这件衣服作为店内的永久收藏。
> 很巧的是,
> 一次,有位美国游客逛店时看到这件衣服非常激动,
> 原来他当时正在这家俱乐部效力,
> 衣服让他回想起了当时的很多细节。

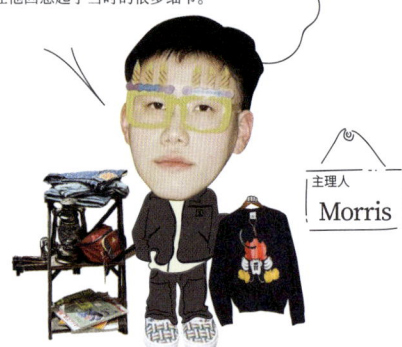

主理人
Morris

作为国内时尚产业起步最早、发展最成熟的城市,上海的零售业态丰富且多元。很多个性化的小店藏在城市的毛细血管内,成为人们热衷探索的宝藏目的地,Naughty Vintage(淘气古着屋)便是这万千小店中的一员。它隐藏在淮海中路沿街的一个老小区内,天气好时,周围挂满了居民们晾晒的衣服被子,但这并不妨碍造访者从小小的门口进去,里面另有一方天地。

从店名就可以直接看出,Naughty Vintage 是一家氛围轻松的古着买手店,以贩售美式复古风格二手单品为主。主理人 Morris 和女友是一对"95 后"情侣,在 2022 年开始经营这家小店之前,Morris 已经是潮流领域的忠实玩家。大学时期,他的主要"追随"对象是 Supreme、PALACE、Stussy 等潮流品牌,常常通过海外网站订购最新单品,并在社交媒体和潮流论坛上分享交流。之后随着对潮流文化了解的深入,他开始接触到一些更为经典的品牌,也会前往美国、日本、泰国等地的买手店淘前几季的系列甚至 20 世纪的 vintage 单品,他的视角也慢慢转向古着领域。

在 Morris 看来,古着单品是更适合自己的搭配,自己与它们像朋友一样,有

互相配合的感觉。同时,古着也是他的"遗憾填补剂"。对于从很小就开始关注潮流的人来说,很多单品是曾经没有能力购买的,当心心念念很多年之后再遇到,并且有能力获得它时,会产生非常特殊的感觉。

怀着这样的感觉,Morris 逐渐产生了开店的想法。凭借之前淘货时积累的经验,他打通了美国和日本的进货渠道,不仅收录了 Carhartt、Ralph Lauren、Levi's、Nike、Adidas、TNF、Oakley 等经典品牌,还有一些相对稀缺的"军品"。但即便品牌众多,Naughty Vintage 的选品始终锚定在美式街头与复古工装风格,以及一些 20 世纪经典 IP 形象的联名款。

"上海的 vintage 店非常多,想要生存下来不容易。"面对激烈的竞争环境,Morris 在开店前做了很久的权衡。根据他的观察,古着正处于从小众到大众的阶段,所以他的选品策略是——款式和定价都相对"亲民",尽量满足普通人的日常穿搭习惯。但如果全部这样做,整体风格又会过于平庸,为了做出差异化,Morris 特意保留了一些风格相对强烈、趣味性更强的单品,将它们归到"Naughty 精选"系列中,让不同程度的"玩家"都能淘到心仪好物。

除了选品,Naughty Vintage 的空间设计也融入了 Morris 自己的小巧思。他喜欢看美国西部片,于是在装修时借鉴了电影里的场景,把试衣间装饰成酒吧铁门的样子;陈列架是从古董市场淘来的旧柜子;藏在衣服中间的玩具手办,是特意搜罗来的纪念款……在这个不大的空间里,人们能真实感受到主理人对古着文化的了解和热爱。曾经有客人对他们说:"这其实不是我平时的风格,但逛完一圈后感觉我也可以尝试一下。"

在售卖方式上,Morris 说他希望大家能在这里无压力地闲逛。"我和女友都是比较'社恐'的类型,不擅长主动和人交流。"所以他们给店中所有商品都挂上标签,写好价格和基本信息,这样顾客就不必主动开口询问,也可以自由地试穿搭配,这种做法得到了许多顾客的好评。Morris 还特别提到了古着对于时尚行业的意义:"我曾经也是'买买买'大军中的一员,古着让我重新看待消费的意义、人与环境的关系,在追求美和风格的同时,也应该思考更多。"

❶ Naughty Vintage 入门处,院子里正在做一期 Carhartt 专题陈列。
❷ Naughty Vintage 室内,按照服装类型进行陈列。
❸ Naughty Vintage 试衣间。

GUANGZHOU | NINGBO

窄门 La Porte

> 为自己
> 挑选一款店内的
> **香水**。

> **敦煌**。
>
> 这是泰国调香师普林·莱姆斯
> (Prin Lomros) 做的一支
> 文化气息浓郁的东方香水，
> 会让人想起一些
> 关于莫高窟、
> 关于坚持的故事。

主理人
Koon

"你们尽力从这窄门进来吧，因为宽门和宽路通向地狱，进去的人很多；然而，窄门和窄路，却通向永生，只有少数人才找得到。"这是法国作家安德烈·纪德（André Gide）在小说《窄门》中对书名的阐述。

视线切换到现实世界，在广州东山口也隐藏着一个"窄门"，这是一间创立于 2021 年春天的香水买手店，院外的巷子通向喧嚣城市，院内狭小的门口通往店铺空间。在主理人 Koon 看来，选择这个店名，既是对小众香水这个行业的隐喻，也表达了他的经营理念：筛选掉市面上常见的香水，发掘那些只能被少数人找到的精品。

广州 | 宁波

这样做能给每位顾客更专注的服务，为他们提供一个不受打扰的试香空间。这种坚持让窄门逐渐成了一个香友们的据点，在选购香水之余，也乐于聚在院子里聊天，分享彼此对于香气的感受。

2023年，窄门在宁波开设了分店，与广州店相比，这里的空间相对宽敞，但依旧绿意盎然。事实上，宁波的香水消费市场有限，但 Koon 觉得它是一个与窄门气场相吻合的城市，他想在这里生活一段时间。新店的成长速度并不快，比起商业上的表现，Koon 更想把窄门的气质延续下去，让它成为一个充满生活气息和香水文化内涵的爱好者交流社区，正如店铺墙上印的一行小字"我们凭气味，在人海中相认"。

窄门的选品有意避开人们熟悉的"大牌"和"经典"，从事香水行业多年的 Koon 很清楚，在小众香水领域，顾客的选择受品牌影响很小，他们的评判标准更聚焦于产品本质——用料、调香、留香、扩散等方面的表现是否优秀。小众香水被市场接受有一个动态的过程，Koon 提到："有些很优秀的作品，它的香气不能被当时的消费者理解，但是能迎合现在的市场，我们会把这样的香水挖掘出来。时间是很神奇的东西，到后面就会告诉你很多答案。"

广州是一座十分包容的城市，容纳了各种各样的生活方式，也聚集了很多想法独特的"小众"爱好者。对于香气这种十分私人的体验而言，大众香水已经不能满足需求，他们渴望找到某种独有的共鸣，窄门的存在让香水市场多了一个互相成全的选择。Koon 乐于当一个"香气猎人"，把更多可能性带给需要它们的人，而小众爱好者们也可以在这里寻到独属于自己的那一款。

在运营上，窄门采用了预约制，这确实让一些临时决定前来的顾客感到不便，也大大降低了自然进店率，但 Koon 认为

❶ 窄门（广州店）院子与室内。
❷ 窄门（宁波店）空间内部。

BEIGING

The Tora's

> 为自己
> 挑选一款店内的
> **眼镜**。
>
> *999.9 (Four Nines) FN-0544*。
>
> 这是 999.9 品牌
> 在 2023 年秋冬出品的年度收关之作，
> 比起之前的 FN 板材系列，
> 隐去了前框的铆钉，整副眼镜更为简约。
> 它偏小的比例是让我决定自留的关键，
> 小而厚重的黑框板材架
> 可以自由融入各种复古穿搭中。

主理人 Torasan

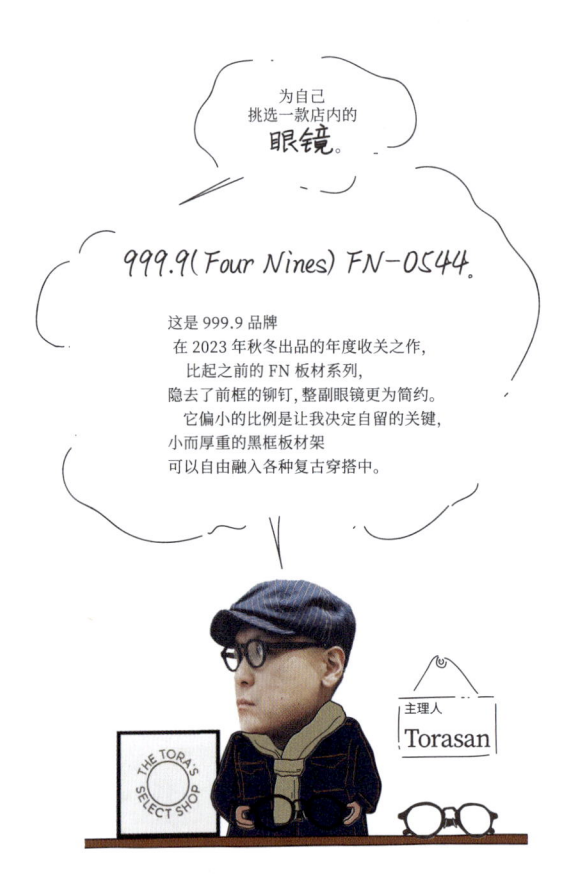

　　眼镜几乎是现代人最为日常的用品，在经历数十年的市场细分之后，人们要求功能性之外，越发关注眼镜所能满足的质感与审美需求，其中，手工眼镜以其精细工艺与艺术性逐步走入大众视野，并且凭借名人、明星的加持作用跃升为风格单品。

　　位于北京东城区的 The Tora's 便是一家专门贩售日本手工眼镜的买手店，曾被中国香港《视觉生活》(V.MAGAZINE) 杂志选入"亚洲眼镜店 Top30"。在此之前，主理人 Torasan 曾运营过一家中古品小店，销售从国外淘来的各类配饰，眼镜作为配饰大门类也穿插在其中。在一次偶然接触到手作眼镜之后，考究的细节、工匠技艺、艺术感、文化渊源触动了他，经过长时间的研究了解后，他决定开一家买手店，选卖那些符合自己审美偏好的眼镜。The Tora's 采用传统的买手制模式，与十余个品牌合作，其中包括了 TwR (Taylor with Respect)、万年龟 (Kame ManNen)、增永眼镜 (MASUNAGA)、999.9 (Four Nines)、JULIUS TART OPTICAL 等高级定制和经典品牌。

北京

调过的镜腿外扩角度，使镜架整体线条更为流畅，能适配更多脸型；而万年龟专门设计了一款山式鼻托，十分符合亚洲人的面部特征，使鼻部的佩戴舒适度大大提升。

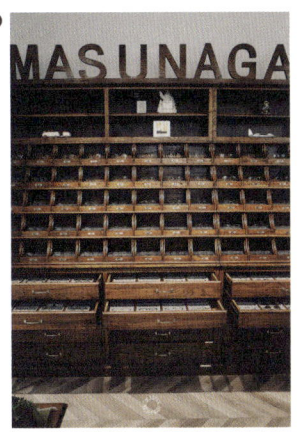

The Tora's 常被无意间造访的顾客形容为"令人惊喜的宝藏小店"，这里复古、低调、严谨与温度并存，充满对细节的尊重。除了手工眼镜，店内也陈列了一些以GORO'S（高桥吾郎）为代表的银饰和皮具，这些物品背后都有着相似的文化内核，也都是个人审美的延伸。

提到手工眼镜的魅力，Torasan 解释说："它们并不追求某一明显特征的最大化，而是在细节处追求卓越。"手工眼镜品牌大多有着数十年甚至上百年历史，在材料的选择和处理上有着丰富经验。即便是同样的材质和工艺，在切割与抛光的处理上也更为精细，隐藏着一些让人难以察觉到的细节，这也是机器流水线难以模仿的地方。此外，手工眼镜也能在较为极端的度数限制下满足配镜的美观需求。由于镜片厚度与曲率随度数上升而增加，对于高度近视人群来说，可选择的工业镜框大多呆板，但手工眼镜能定制高度个性化的配件与设计，哪怕是 1000 度的镜片，也可以挑选到风格化的镜框。

佩戴舒适度、贴合度也是 Torasan 选品时的重要考量指标。有些眼镜可能陈列时平平无奇，但戴在脸上就显得十分协调。举例来说，TwR 的眼镜采用了手工精

❶ The Tora's 门店。
❷ The Tora's 室内，按照品牌划分区域进行陈列。

CHONGQING

菲林好玩胶片相机

为自己
挑选一款店内的
相机。

佳能 NF1。

它是陪我和爱人十几年的相机，
镜头是银圈 FD 50mm 1.4. SC，
AE 顶有测光，黄铜磨砂黑漆，
拿到手里结实有质感，
还有最重要的一点是稳定。
我自己这台 NF1 机械快门已经故障，
回片按钮也有问题，
可还是陪着我去了很多、很多地方。

主理人
玩子

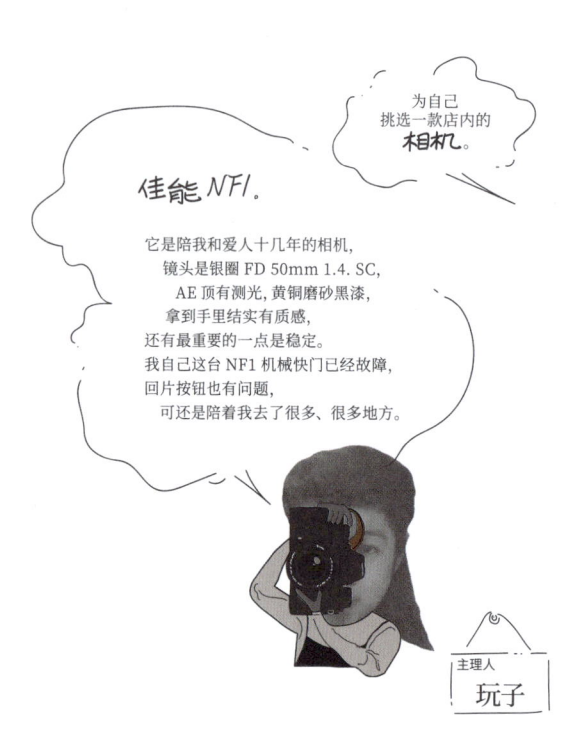

菲林好玩胶片相机（以下简称"菲林好玩"）藏在重庆黄桷坪的一个巷子深处，是一家专卖二手胶片相机的小店。菲林是胶片"film"的音译，在复古成为新时尚的当下，胶卷复兴的潮流培养了一批新生代的胶片摄影爱好者。菲林好玩的主理人玩子亲身经历了胶片的回潮，更用自己的门店连接着西南地区的胶片社群。

在过去的十多年中,胶片陪伴着玩子记录下许多生活瞬间,这份热情缓慢、持续地发酵着,时间长了,她也想将自己的经验和热爱传递给更多人。经历一番筹备,玩子最终把店址选在四川美术学院老校区旁边,不仅因为这里有良好的艺术氛围,还因学生们喜欢分享交流,能迅速形成高参与度的社群,进而带动对胶片摄影感兴趣的普通人加入进来。

菲林好玩在胶片爱好者中收获认可,离不开玩子对胶片的理解。在她看来,年轻人对怀旧和复古的热爱只是表象,胶片相机复兴更深层次的原因在于物理实体能够在数码时代满足人们对物件和记忆的情绪需求,能真正触摸到的胶片传递着情感与记忆,这是数码摄影无法取代的。

选择开一家胶片相机买手店,也与胶片摄影多样的器材需求有关系。玩子在开店前就观察到胶片摄影的限制会比数码相机更多,一台相机很难满足不同生活场景的摄影需求。"出门前总要想想今天带什么相机合适。如果有小孩子,我会准备一个很小的傻瓜机,方便随时抓拍;如果去到风景很好的地方,会带上成像质量更好的中画幅相机。"结合自己的实际需求,玩子发现胶片玩家一般都有很多台相机,她看到了其中的市场前景。

都说"入坑"胶片相机是有门槛的——对新手来说,"选一款什么样的机器"需要耗费不少精力做功课;在购买环节,买卖双方大多是通过线上二手平台交易的,质量与售后问题层出不穷。而线下实体门店正好弥补了这些不足,顾客可以直接上手查看机器品相,还可以和玩子这样的老玩家面对面交流,选到符合自己当前需求和使用习惯的机型。

玩子说她希望菲林好玩成长为推广胶片文化的小小基地。借由一台机器,让人们关注到数码之外的摄影技术,也更加关注自己、身边的人和真实的世界。在贩售相机之余,玩子也十分注重营造体验感,她会在店内的"暗房"里冲洗顾客送来的黑白胶卷,并鼓励他们尝试亲手操作;她也会不时邀请顾客在店中拍一张拍立得,比起手机拍照打卡,直接拿在手里的照片让这份诚意更有实感。

尽管有着胶片复兴的大背景,但玩子也提到,胶片摄影仍然是一个小众领域,需要长期的知识积累和实践。她在社交媒体发布了一系列教程帖子,从相机的选择到拍摄技巧,再到后期处理,帮助新手更好地了解一些基本概念与进阶技能。而这些帖子最终也确实转化为了客流,有不少客人循着她的教程与样片,来到店中选购了人生中第一台胶片相机。

❶ 菲林好玩胶片相机门店。
❷ 柜内陈列:上半部分是禄来双反相机与大画幅相机,大多生产于 20 世纪 60 年代以前;下半部分为机械单反时代尼康的历代旗舰机型。
❸ 店内也同时售卖胶卷,玩子自己常用的是柯达 Gold 200(135mm 规格)。

MACAO

Bol Select

为自己
挑选一款店内的
户外单品。

P.R.E - SEASON (04) /
<PJ23-013 Versatile Quinta Form Jacket>。

喜欢这件外套的原因是它很有趣，
拥有五种形态的变化，
可以衍生出不同的穿搭方式，
也能灵活应对多种气候条件。

主理人
Jeni

提到澳门，人们第一时间会想到娱乐、多元、市井的城市生活，它是中西合璧的，保留着浓厚的历史痕迹。但很少有人会将这座城市与山野、自然联系到一起。受限于地理条件，已经被大众熟悉的户外生活方式在澳门似乎一直不温不火，户外文化影响下的"山系""机能风"穿搭在澳门年轻人中也并非主流。然而在澳门老城区医院后街的一个转角处，却隐藏着一间小小的户外买手店——Bol Select。店面不大，外立面铺满黑色的细长条砖，印着店铺名称的灯箱装饰在门框最上方，店内暖黄的灯光给这个看起来很酷的空间增添了一丝温度感。

澳门

Bol Select 的主理人 Jeni 是一位土生土长的澳门姑娘，和大多数城市小孩不同，因为参加过很多次澳门童军总会（A.E.M.）的活动，有了不少露营经历，她在很小的时候便对户外和户外类的运动产生了兴趣，也喜欢在平时的穿着中融入一点户外感——宽大的、不受拘束的，可以尽情跑跑跳跳。

毕业后的 Jeni 从事平面设计师工作，对户外的热爱一直未曾减退，并且受到了近年内地户外风潮的影响，她开始意识到，澳门的时尚审美（尤其是女性）还是以成熟的都市穿搭风为主，它们是精致时髦的，但缺少了松弛感和趣味性。"衣服会将人带入到某种假定的环境中，即使身在城市中心，穿上户外装后总会感觉更自由一些。"就这样，她开始一步步筹备自己的店铺，在选品和定位上也没有纠结，从一开始便有了清晰侧重——女性城市户外机能风格。

Bol Select 店铺的原址是一个旧诊所，装修时，Jeni 特意保留了古旧的细节，并利用特别设计的天窗增加进光量，让整体氛围更接近户外环境。店内陈列着她自己钟爱的品牌——ANGLAN、Sense、No.42、Common Comma、OCTO GAMBOL、Hamcus……尤其是 Hamcus，这个品牌的概念源自 MMO（Massively Multiplayer Online），即大型多人在线游戏，在它设定的世界观下，衣服与虚拟、科幻元素联系到了一起，穿上衣服，每个人似乎都成了短暂逃离现实的"玩家"。

这个概念与 Jeni 自己的生活态度不谋而合，这一点从她经营店铺的细节处不难感受到。Bol 的发音与中文的"波、坡"近似，于是这两个字经常出现在 Bol Select 的各种主题策划中。比如只举办过一届的"坡上波儿乒乓波大奖赛"；在世界杯期间与本地艺术家合作开发的"恶童的世界波"联名系列；印在店铺周边 T 恤上的文案是"坡'ESCAPE THE CITY GIVE TIME TO NATURE'"。这类无厘头脑洞可以看作是一个买手店的营销策略，也回归到了 Jeni 开店的初衷——做点轻松、有趣的东西。

关于未来，Jeni 希望能推出自己的品牌，更多地参与设计与生产流程，在强调户外设计结构感的同时融入传统元素，探寻澳门本地文化在设计上的可能性。

❶ Bol Select 门店室内。
❷ 店内的 OCTO GAMBOL 品牌售卖区。
❸ ANGLAN 品牌售卖区。
❹ "山坡少年团" Hillside Bol Logo Tee。

我们身边的那些"小店"

SHANGHAI
手手仓库 GALLERY

> 为自己挑选一款店内的**家具单品**。

> 法国建筑师 Jean Prouvé 的双人椅。

主理人 **方涛**

上海外滩福州大楼，历史的斑驳和现代烟火揉捻出复杂韵味。曾经是时装杂志编辑的方涛，在这座 20 世纪 30 年代竣工的装饰艺术风格（Art Deco）建筑里开设了一家 600 平方米的中古家具买手店，专注于 20 世纪著名设计师家具作品及家具品牌展示。店的名字简单直接——手手仓库 GALLERY。两个"手"即为二手，"GALLERY"是经营思路，他在用一种办展的方式打造这个空间。

至于为什么要开这样一个店，一方面源于对中古家具的喜爱，另一方面是受到海外家具贩售模式启发。方涛很欣赏以 Galerie 54[1] 为代表的家具艺廊模式，它们会以挑选艺术品的标准将搜集到的家具或雕塑陈列在特别打造的空间中，并且按照风格、年份、设计师等脉络进行划分和搭配，店内每件物品背后都有严谨的选择逻辑，也因此呈现出一种难以描述的独特气质，用方涛的话说就是"那种高级感只能自己去体会"。

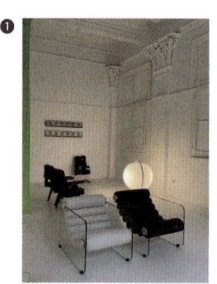

1 　*Galerie 54*：1997 年由家具古董商埃里克·他舍勒姆（Éric Touchaleaume）创办的工作室兼艺廊，专门出售现当代经典设计和大师设计单品。艺廊位于巴黎马特尔公寓（Hotle Martel），这座建于 1927 年的住宅与其所在街道马莱特·史蒂文斯街（Rue Mallet-Stevens）共同构成了颇具标志性的现代主义风格建筑群。

上海

家具艺廊是方涛奔波于欧洲各大时装周之余爱逛的地方，但作为顾客来说，从海外订购大件家具存在诸多不便，彼时国内又寻觅不到同类店铺，他从自己的需求出发，捕捉到了一个市场缺口。2018年，福州人方涛将店址选在了上海的福州大楼，很巧的是，大楼建成时间与Galerie 54所在地——巴黎马特尔公寓的建成时间前后仅相差六年。地球两端的两座近百年的建筑中，相似的事情在并行发生。

都说编辑和作家、艺术家有相似的心态，喜欢借由某种形式进行个人表达，顺理成章地，手手仓库成了方涛表达自己审美和知识体系的出口。他对中古家具的兴趣源于孟菲斯（Memphis Style）和太空时代（Space Age）风格，它们奇异、趣味、怪诞，具有浓烈的艺术感。但随着对这个门类的深入了解，方涛在实用主义风格中也找到了很多打动自己的设计，比如皮埃尔·让纳雷著名的昌迪加尔系列和Knoll推出过的多款包豪斯家具。

涛提到他目前并不会考虑开分店，他想在保持现有状态的同时精进自己的知识积累，以便更充分地介绍每件家具的设计理念和渊源，提供类似于"美术馆讲解"级别的服务。他的期待是能和顾客保持长期的交流，最后慢慢变成良师益友。

❷

设计师

手手仓库 GALLERY 收藏（部分）

设计师	生卒年	国籍
皮埃尔·让纳雷 Pierre Jeanneret	1896—1967	瑞士
勒·柯布西耶 Le Corbusier	1887—1965	瑞士-法国
夏洛特·佩里昂 Charlotte Perriand	1903—1999	法国
让·普鲁维 Jean Prouvé	1901—1984	法国
埃托雷·索特萨斯 Ettore Sottsass	1917—2007	意大利
乔·哥伦布 Joe Colombo	1930—1971	意大利
盖·奥伦蒂 Gae Aulenti	1927—2012	意大利
法比奥·伦奇 Fabio Lenci	1935—	意大利
加埃塔诺·佩谢 Gaetano Pesce	1939—	意大利
仓俣史朗 Shiro Kuramata	1934—1991	日本

家具品牌

品牌	年份	国家	品牌	年份	国家
Cassina	1927	意大利	Knoll	1938	美国
Vitra	1950	瑞士	Cappellini	1946	意大利

这也是手手仓库总给人"逛店如逛展"之感的原因，比起严谨规划，方涛始终将"自己喜欢"放在考量的第一位，他说这里没有所谓的"镇店之宝"，每件家具都是个人审美的体现。倘若一定要从客观性来衡量选品逻辑，那大概是稀缺性和独特性，"我不喜欢别人有的东西"，就这么简单。

当然这种经营方式也带来了制约，个人审美难以复制，规模也就难以扩张。手手仓库一直坚持预约制和一对一服务，方

❶ 手手仓库 GALLERY 室内空间。
❷ 图中部分家具：
白色沙发 de Sede
落地灯 Stilnovo 生产
玻璃椅子 Fabio Lenci
绿色椅子 Joe Colombo
红色台灯 Memphis 生产
木头椅子 Georges Candilis
银色圆地灯 Rinaldo Cutini
沙发床 Jean Prouvé。

我们身边的那些"小店"

静悄悄的直播间，一扇新的橱窗

当审美高于价格，博主、品牌和平台，三者须重新寻找联结的平衡点。

2023 年，或许有一大批新的观众再一次为直播着迷，人们愿意买单，不再是源于"价格为王"的冲动，而是被审美、趣味和真挚的分享打动。

直播电商发展至今，最初围绕打破商品原本价格机制展开的直播间对人们的吸引力逐渐减弱，眼花缭乱的"叫卖式"直播间难免引得观众审美疲劳，而总有更便宜的商品在下一个主播的口播里，品牌也疲于应对。乐于拥抱媒介变化趋势的品牌很快采取了新的策略，这一次不再以最低价为噱头，而是回归到售卖的同时也能充分表达自身价值观。

这样一来，品牌也更倾向于让自己的商品摆上更符合品牌调性的直播间，或者是能替品牌讲出更多延伸故事的直播间，哪怕这些直播间在选品时有着无法用市场通行标准衡量的"门槛"，和买手个人更挑剔的眼光。

人们最初意识到买手性质的直播间将要扬帆，是在董洁的直播间里。2023 年初，董洁正式做买手直播之前，她已经持续在平台分享自己做菜和穿搭心得近两年，最初是图文，接着是视频，内容里的生活感让人觉得亲近。作为"时尚买手"定位的直播间，所有商品首先要符合董洁的个人审美，讲解也基本由她一个人完成——语气和缓、娓娓道来。挑选服装品牌的时候不仅考虑自己是否喜欢，还会考虑粉丝人群是否能够驾驭，以及是否便于日常穿着；挑选包的时候也会根据不同使用场景，来做好大、中、小包的多样选择。

董洁直播间。

不仅是董洁。章小蕙以"玫瑰是玫瑰"命名的直播间里,她用意大利画家波提切利的《春》去讲解一个眼影盘的配色,她提及一瓶护肤精华时称,是许鞍华导演让她第一次知道这个品牌的,她还将自己的商品按照不同功能排列组合成礼盒来售卖,作为曾经有过开买手店经验的时尚专栏作家,章小蕙的眼光就是她直播间的最大保障。

直播电商诞生至今已有八年,当某个直播间惊人的成交额、全网最低价格带来的剧烈刺激感,一次次摆在观众面前时,人们默认这已经是直播间发展的一个终极形态了。只是,社会消费文化、物质充裕程度、传播媒介无数条轨道交叠的当下,一个风格更为平和、审美比价格优先级更高的直播间,找到了生存的土壤。就像一条喧哗久了的街道,渐渐安静了下来,街道上的行人和车流也有了新的状态。

章小蕙直播间。

买手的诞生

似乎没有人能说清楚,从何时起人们开始期待能在直播间获得更多体验,什么样的"主播"能提供除了产品讲述以外的信息?答案很有可能是长久分享生活某一切面的博主。一切的开端多少有误打误撞的成分。

章小蕙在 2023 年 5 月第一场直播结束后在个人公众号写到,"现在才知道,我从三四岁就开始选品了","这一晚让我深刻体会到我和时间的关系"。董洁也曾表示过,直播间是个人自身经历、性格的沉淀,这部分是无法被替代的。一场关注度极高的直播并非只和讲解人的名气有关,更重要的是讲解人是否有自己的一套审美逻辑,这种审美是针对于日常生活和自身感受的。

"一颗 KK"(以下简称为"KK")是最早开始尝试在小红书做直播的家居买手之一。2020 年入驻小红书后,KK 很快发现对自己内容感兴趣的人会迅速产生购买意向,笔记下面常有人留言询问"这是什么牌子?去哪里买?"。于是在 2021 年 10 月,KK 开启了大约每月一次的直播。彼时的小红书并没有把直播业务放在很高优先级,直播功能上线后的试水期,直播间流量并不会进入社区公域流量,只会给关注

一颗 KK。

者一个弹窗提示。尽管最初的直播间基建相对简陋，KK 还是从第一场就选了 100 多个商品（和现在基本一样），包括厨房用品、拖鞋、地毯、衣架、小音箱等。"当时主要目的还是想和粉丝有实时交流机会，借助商品来聊显得不那么尴尬，挂的链接很多，但实际收益并不多。"

直到 2022 年"双十一"，KK 正式收到平台邀约在大促期间进行直播，此时小红书也将直播业务提到了更高优先级，提供了流量与满减补贴扶持。"在'双十一'购物的消费者，是不可能不比价的，但还是要守住审美这个底线，我们真的拒绝了很多品牌。"在 KK 的选品逻辑里，符合她个人审美是第一位的，再考虑商品的功能和百搭性，在百搭的基础上去选一些出挑的单品，然后综合价格维度来看值不值得买（要满足全预算段的消费者）。KK 不认为自己是个主播，她觉得主播的角色是播报一个商品的基本信息与价格机制，是由品牌方主导脚本的，不需要体现强烈的个人品味。她更喜欢"买手"这个称谓，"买手最核心的部分在于前期的挑选与体验。我不是科班出身的设计师，可能讲解方式和品牌视角有差异，我会把它放进整体空间的维度，来考虑它的功能和搭配"。

综合类买手"可妈可吗"（以下简称为"可妈"）也是 2022 年末平台邀请开直播的博主之一。"清华本硕博、95 后二胎家庭"的可妈给自己的定位是以内容和观点输出为主的泛生活方式博主，"我们的内容不是那么垂直，粉丝画像比较杂，选品上很难聚焦"。收到邀约的可妈犹豫了半年才正式开播，她通过开学季专场、东方美学专场、冬季温暖专场等一系列"小专场"来解决聚焦问题，每场直播服务某一特定需求人群。

2023 年年中，小红书提出"买手时代已来"，并开始鼓励做直播的博主们开设自己的店铺，而不仅仅是接入品牌的商品链接，博主自己开店意味着商品的选择范围更多，把"买手"性质描得更深一些，但也得自己来负荷发货等供应链细节上的问题。

小红书的一位买手行业负责人提到，以服装行业为例，近些年整个领域的直播变化并不多，买手性质的直播间出现之前也不存在真正意义的"时尚直播"。她形容一个具备买手性质的直播间，最关键的是"用审美来选品，真诚分享，并提供有亮点的搭配方案"。

"可妈可吗"直播间。

土壤与生态

要支撑"每个热爱生活的人都能在小红书开一家买手店"的生态，首先要有一块能滋养买手的土壤。

鉴于很多博主还在观望阶段，平台现阶段能做的是积累足够多的案例来充实"买手养成 SOP（标准作业程序）"，一个完全没有直播经验的买手倘若要尝试，可以先试播几场，这时候平台运营也可以给帮助。一场正式的直播开始之前，平台和买手团队会沟通至少三四轮，指导买手预告笔记发布的节奏、内容的形式，第一轮博主选品后会"诊断"其货盘的类目是否尽可能覆盖了用户的需求，选品的价格带是不是让不同消费能力的用户都有品可买。

若买手发布的内容"不那么清晰"，平时的涨粉速度也不快，直播就带来了额外一道涨粉途径，直播有专门的流量池，能让更多观众看到买手的直播间，直播这种即时性的互动方式也增加了内容的真实感，关注者和买手的关系也会更加紧密。因此，粉丝基数不高的买手也可以有亮眼的成绩，比如有的买手最初只有 1 万关注者，但单月成交额可以高于百万，同时开播后关注者也迅速增加了一倍，粉丝数只有 6 万的博主"AKIKIYU"，靠自己的审美和专业度成为时尚买手，做到单场 1000 万以上的销售额。

这样看来，做买手似乎是有一套方法论的，事实真是如此吗？

平台的基建与运营扶持固然重要，但和线下买手店一样，买手直播间发展到一定程度也面临着"重复率"问题，并且，由于平台通常都拥有一个基础货盘[1]，导致这个问题在线上表现得更为明显。当消费者连续刷几个直播间，发现其中的商品链接大量重复时，即便买手本人风格再独特，也难免丧失了买手的意义。

为了强调自己直播间的差异化，买手们会各自邀请还没有入驻小红书的品牌商家进来，尤其是一些小众品牌。比如国内原创设计师品牌"软山"和"裘真"，就是从董洁直播间里开始被更广泛熟悉的。除了挖掘新品牌，买手们还会和品牌做一些独家联名设计款，对服装直播来说，消费者对"现货"的需求远大于家居类目，一些买手还会去和品牌锁定"现货"，以达到更好的用户体验。此外，当单个商品难以拉开差异度时，买手可以将其重新"编辑"，以组合的形式售卖，前文

[1] 通常是经严格筛选被平台选中的优质品牌及其商品，它确保了新直播间有货可卖，同时保障了平台直播间整体的"下限"。

提到章小蕙直播间的礼盒，就是这种解题思路的典型。以各种"功效"命名的礼盒——绸缎发盒子、高颅顶盒子、修复换脸盒子等，与其说在贩售商品，不如说是在贩售买手的经验方案。

而对于"非标品"类型的商品——比如二手、中古、手工类，似乎与买手制天然契合，但不少博主还是担心直播内容会伤害原本的内容输出，便采取了不同的策略加以取舍。比如专注于分享中古服饰穿搭的博主"the. Bil"，为了避免自己的内容和直播强绑定，他选择重新开一个号专门做买手。

规则终究是规则

尽管买手性质的直播间不存在过往直播间里对爆品的极力追求，但如 KK 总结，其实每一场直播还是会主观"催生"出爆品的。比如她在 2023 年"双十一"期间的某场直播里，一款沙发销售额超过 100 万，一个品就占了当晚总销售额的三分之一。"如果这场直播你都不知道哪一件商品有爆品潜力就危险了"，买手得有辨别"爆品"的预判能力，在直播时也得花更多心思展示这件商品。

从目前来看，买手性质的直播间内买手的个人能力是高于整个团队的。等到后半场，买手们已经成长起来，到时候拼的就是运营和规则，对买手而言，也得搭建自己的团队，培养团队能力。

有些买手很早预见到更激烈的竞争最终会到来。新的成本得提前算到现在的账本里，这是必然会遇到的挑战，只是没人知道具体的时间节奏。KK 形容现阶段自己在压力和动力并行的区间内。2023 年的"6·18"大促期间，KK 新租了一个 300 平方米的场地专门用来直播，不仅场地升级，人员配置也升级了。其他买手的节奏也类似，如果直播表现是递进的，也得慢慢去搭团队，来应对更多繁杂的商务对接工作。

长远来看，如果是持续做一名买手，买手要建立一个由买手主导的专业直播团队，团队还得足够理解买手的审美，懂得如何在各个类目中延展这份审美，时刻维护这份审美，这份审美本身也要足够清晰且能保证在不同的商品里找到联结点。

买手性质的直播间的确给了诸多品牌，尤其是原创设计师品牌和

博主"the.Bil"在检查二手衣物细节。

先前营销动作比较小的品牌新的销售渠道，哪怕没有达成即时销售，品牌也得以有更多的展示机会。

"非必要不合作"是一家驻扎在厦门郊区的家居品牌，目前通过两个单品——电气灯和屏风，达成了与五十多个创作者的联名合作，它参与的第一场直播是在"蘑菇 guanguan"的直播间。由于客单较高且品类小众，品牌原本想着能卖出一两个就不错了，结果一场卖出了三十个。这份额外的惊喜并没有让创始人急于开设自己的店播，或是更主动地进入其他买手的直播间。因为对于高客单价的大家具，人们的决策成本很高，作为新品牌更希望通过调性高度匹配的买手，给精准的用户群"种草"。

当审美高于价格，博主、平台和品牌三者的关系看似没有任何结构性的颠覆，但链条上细微的调整，也足以让一个新的生态齿轮转动。从鼓吹"叫卖"和冲动消费的直播间，到安静、为设计买单的直播间，人与物品的关系也许会转变得更加柔和一些，不仅是一味地刺激和占有，还有更多互相滋养的成分。

"非必要不合作"原创设计屏风。

蘑菇 guanguan 直播间。

Section 3 How to do?

p109—144

想开一家买手店 A to Z

开一家属于自己的买手店是很多人的梦想,我们以时装买手店为参考模板,举其一隅,来分析运营一家"线下买手店"所面临的各种挑战,并梳理出一份开店指南。这份指南会详细描述开店前需要达成的各类预案,并在店铺持续运营阶段提供指导参考。

Part 1.

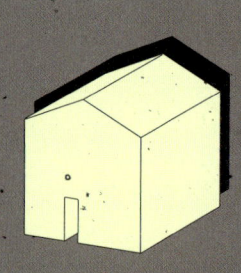

开店阶段

- A 调研与定位
- B 人员分配
- C 开店计划书的写定
- D 风险意识与应对
- E 资金预算
- F 选址定位
- G 选址策略
- H 设计与施工
- I 采购计划
- J 5R 原则

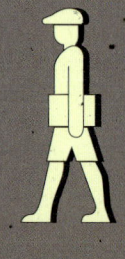

调研与定位 A

a. 调研市场环境：对行业趋势、本地市场、竞争对手等外部因素做充分调研，了解行业大盘情况，找寻机会空档。

b. 明确目标客群：独立买手店的特点即是服务"一小群人"，找准想要服务的细分人群画像，明确其需求和消费能力至关重要。

c. 明确自身定位：了解自身偏好与优势项，找准定位，一以贯之的风格对于买手店来说也十分关键。

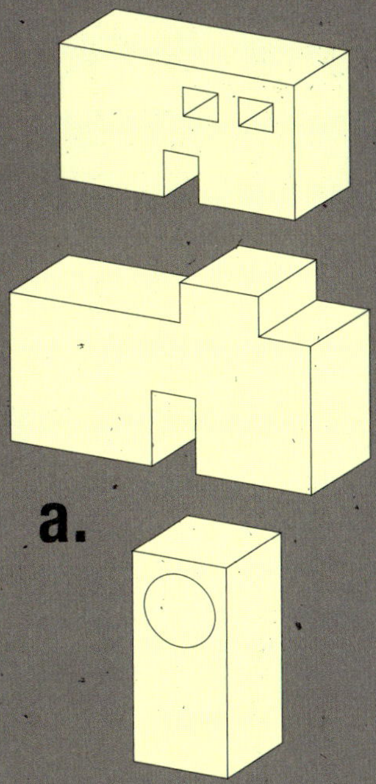

人员分配 B

团队中通常需要确定一名负责人来进行开店的总体统筹，并确定各位执行人，分别完成筹资、选址、设计、进货、陈列、推广等各项执行性工作。

C 开店计划书的写定

书面写定的开店计划书可以作为内部管理的依据，辅助各项工作顺利按计划流程进行。

计划书通常包含如下内容：买手店所要提供的商品与服务、开店所需总预算、店铺选址、商品陈列、设计思路、动线策划、进货供货的具体信息、员工招聘需求等。

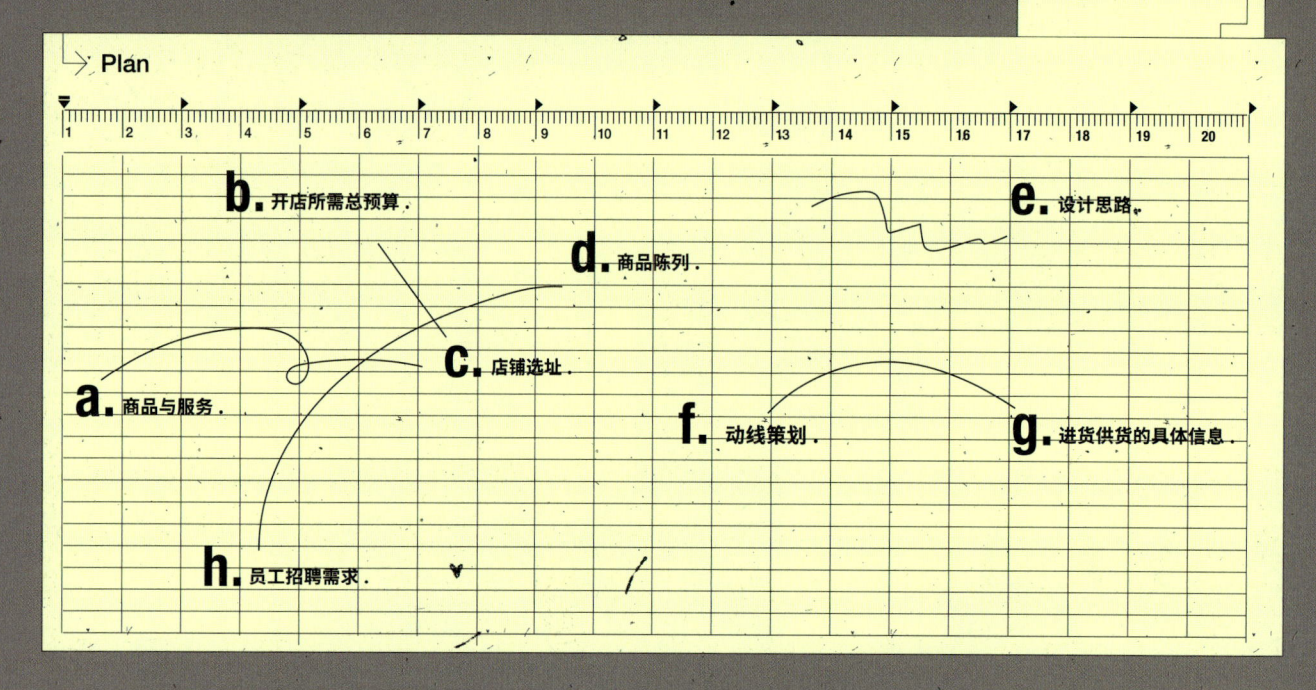

→ Plan

- a. 商品与服务
- b. 开店所需总预算
- c. 店铺选址
- d. 商品陈列
- e. 设计思路
- f. 动线策划
- g. 进货供货的具体信息
- h. 员工招聘需求

D 风险意识与应对

风险管理意识应贯穿于店铺筹划与运营的整个流程，包括风险识别、风险分析、风险对策和风险控制四个环节。

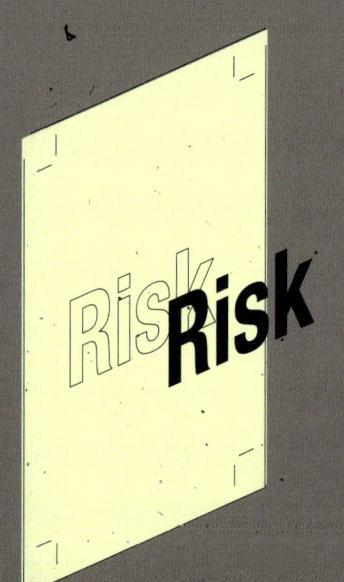

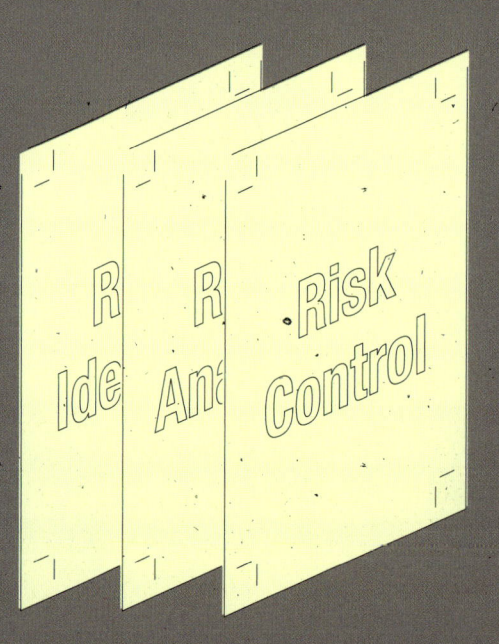

Risk / Risk Identification / Risk Analysis / Risk Control

10%~15% ¥

以资金风险为例，这是一家新店最为常见的风险之一。开业阶段难免会有未预料到的开支，可以依据现实情况，预留总预算的10%~15%作为风险应对开支。

主要分为一次性投入（店铺设计与装修、设备采购等）、长期运营投入（店铺租金、物业费、人力成本等）和货品购置投入。对于长期运营投入来说，规划时最好预留1～2个季度的租金与1个季度的人力成本。

资金预算 E

Quarter 1

Quarter 2

...

€

£

¥

$

F 选址定位

> 选址最主要的影响是客流客质客层，其策略常与买手店定位绑定。主理人需要对买手店品牌与商品进行定位分析，确定商品风格及价格，以锚定目标消费群体。最终的选址务必要与买手店定位相匹配。

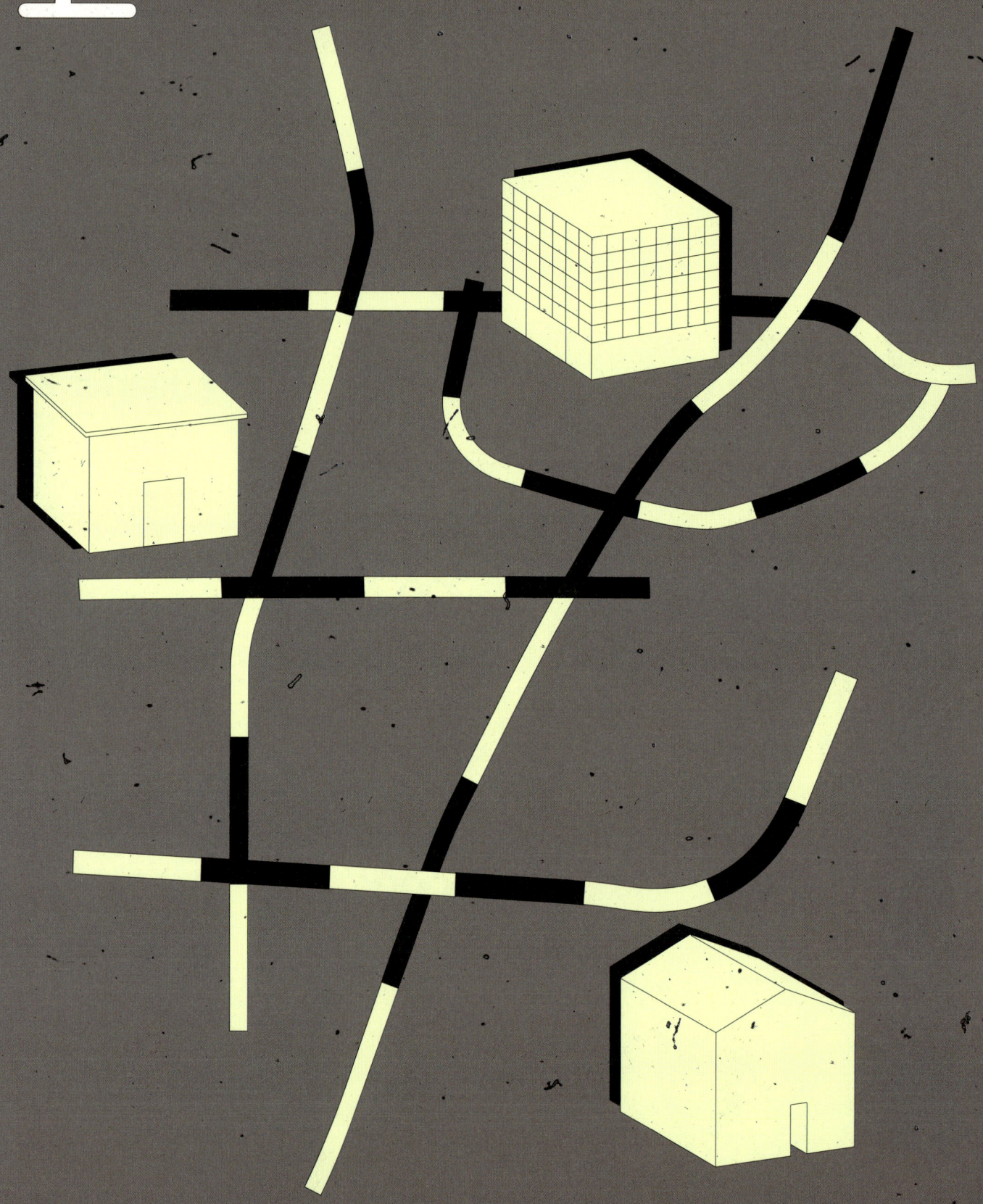

选址策略 G

商场店

街店

社区店

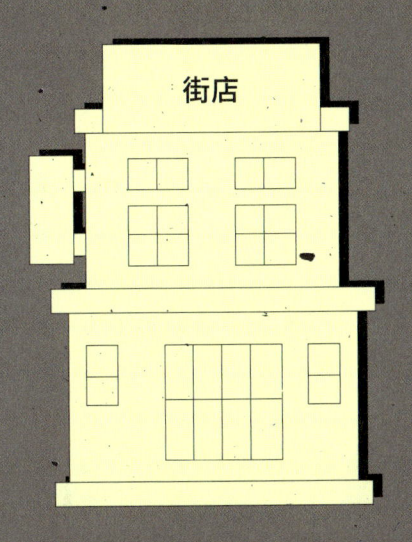

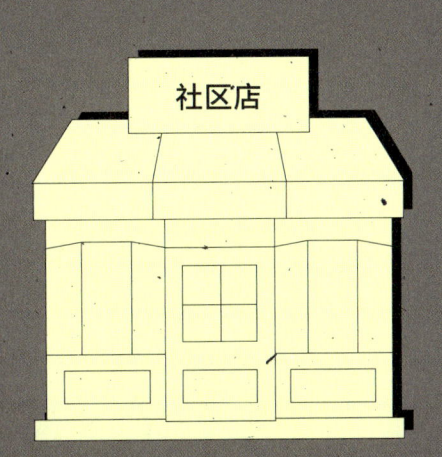

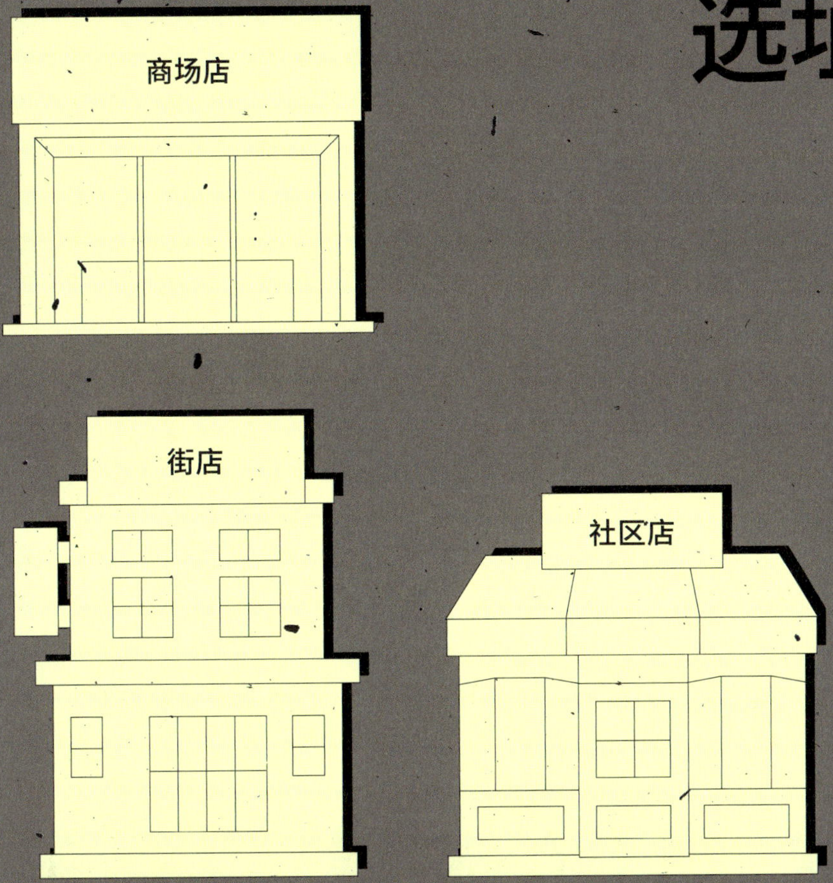

依据选址策略的不同，可以将买手店分为三个类型：商场店、街店与社区店。总体来说，商场店有较为稳定的人流量，更多面向大众人群，相对更易吸引新顾客；街店常开设在商业街区与热门街区，有着更为年轻、多元的消费群体，除了满足购物需求，门店本身的"网红属性"也是其吸引力的关键；社区店服务半径小，但客群更为稳定和长期，适合更为定制化的服务。

设计与施工 H

一般的店铺设计包含店面、橱窗、照明、绿化、动线等方面。买手店的空间设计较一般零售店可以更强调概念化，来体现明确的风格倾向。此外也需注意品牌 VI 系统在店铺内的呈现。为保障店铺能按时开业，需合理规划施工时间表。此外还需考虑安全细节，如地面的缝隙可能绊住高跟鞋，尖锐的边角可能造成磕碰等。

I 采购计划

通常，新店采购数量可以为总体采购计划的 60%～70%，在经营过程中动态补齐畅销款的进货量。采购计划要体现不同品类、款式的商品组合方案，预测采购数据及销售目标，统计采购预算。店主也可以在制作采购计划的过程中了解服装、面料等市场行情，并积累数据处理方面的能力。

J 5R 原则

这里的 R 是 Right 的缩写，5R 即在适当的时间与地点，以适当的价格，采购适当数量和质量的待销商品。采购质量并不仅限于货品的质量，合理的选品结构也是采购质量的一部分。

R. 适当的时间

R. 适当的地点

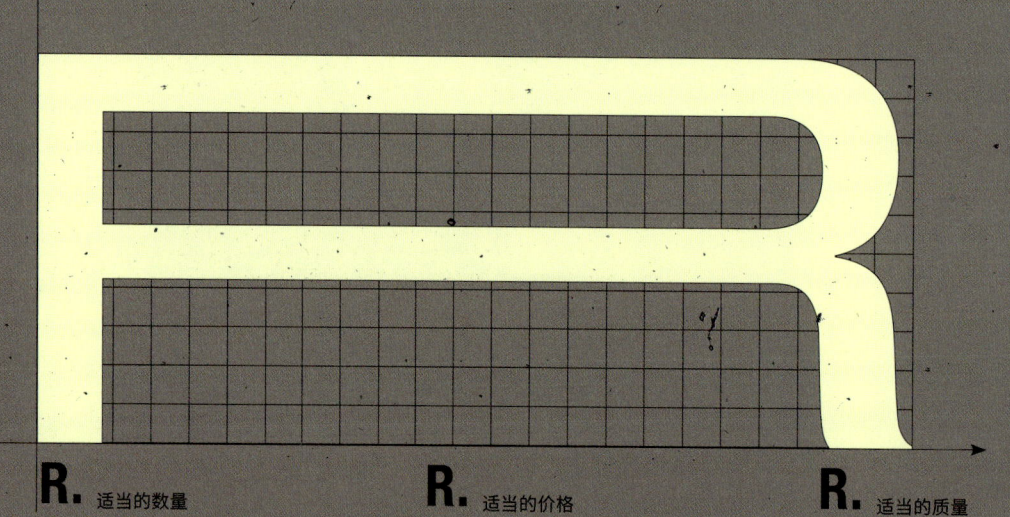

R. 适当的数量　　**R.** 适当的价格　　**R.** 适当的质量

Part 2.
经营阶段

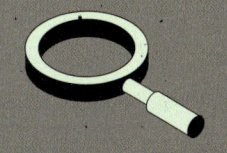

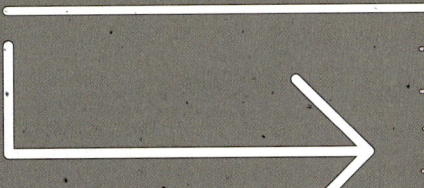

- K 商业定位
- L 流行趋势研判
- M 品牌风格的创造
- N 基于销量的选款方法
- O 爆品的选款预测
- P 销售预测与分析指标
- Q 规划 OTB
- R 利用坪效调整陈列
- S 制订商品企划
- T 策划核心款
- U 大类结构企划
- V 订货会与 Showroom
- W 下单与跟进
- X 上市波段与折扣
- Y 品牌与设计师资源
- Z 营销与运营

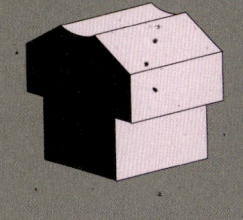

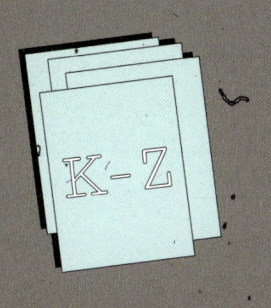

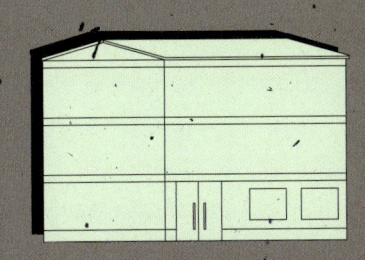

K 商业定位

经营者首先要长期关注专业的消费者调查报告，并通过调研了解本地本店消费者的消费习惯与动向。产品上则应当关注其在时尚潮流中的位置：创造者、引领者与跟随者。相对来说，创造者最为前卫，跟随者最为稳妥。对消费者和本店产品做出定位之后，可依据其消费习惯采购价格与潮流感都合适的商品。

foll　lea　Creator

120　　　　　Section 3　开店启示录

流行趋势研判 L

经营者应在新一季开始前，从环境、个体、产业与消费者这四个方面，结合 WGSN 等机构的数据分析工具，去预测流行元素正处于生命周期的何种阶段，并判断买手店应在其中扮演何种角色（引领某一潮流的爆发还是作为跟随者入局）。想要打造爆款，则应把握流行趋势中最为核心的元素，选择与之最为符合的单品，再利用自己的渠道加速流行趋势的蔓延。但也要考虑顾客对主推风格不买账，销量极低的风险。

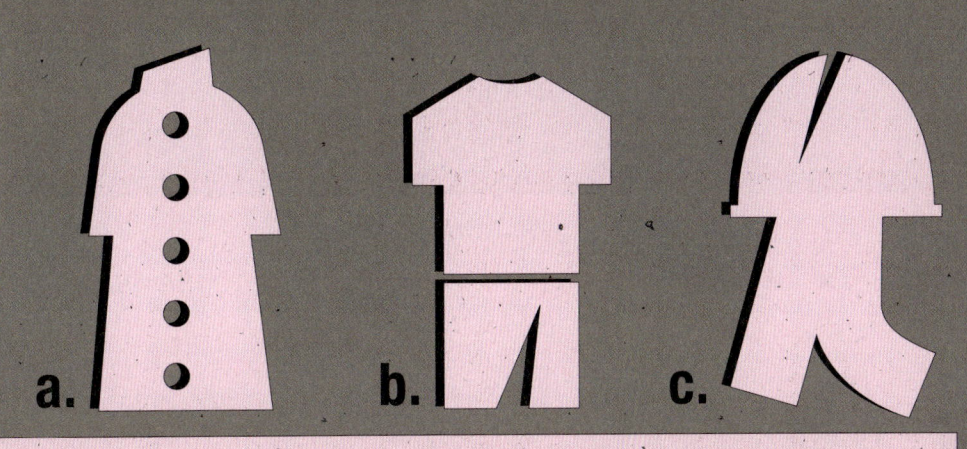

a. b. c.

潮流类型	a. 短流行	b. 基本款	c. 时尚款
生命周期	周期短，可能只流行一个季度的潮流款。易受小众人群追捧，大众普及度较低。	周期长，某些经典款式可能在十几年中持续销售。	介于前两种生命周期的流行式样。通常是当下比较主流的元素，这一类型的潮流发展成熟后，可能很快衰退，后劲不足。

品牌风格的创造 M

买手店经营者应当培养风格表现的意识，形成自己的品牌基因，以强化顾客认知。关于这一点，更应关注的是如何精进自己对风格的思考，并传达给消费者，让某一种风格成为"长久的时尚"。

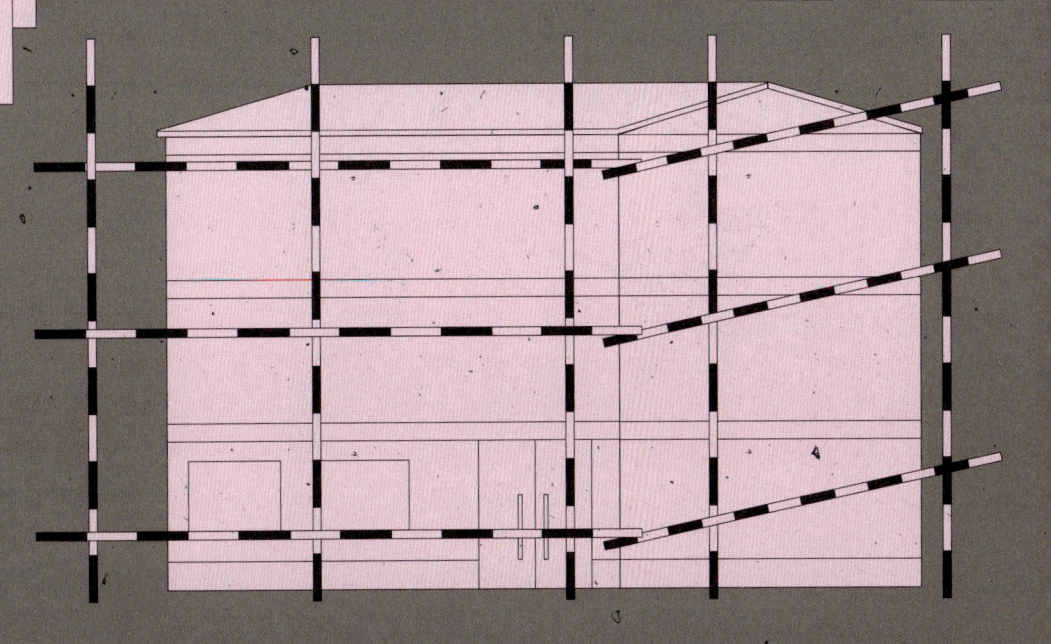

N 基于销量的选款方法

参考商品销售中的"二八原则",一家店中20%的核心款可以提供80%的销量,买手店既要选卖销量高的基本款与流行款,也要适量选购体现买手店风格与价值的特质款。核心款与特质款有不同的选款逻辑,买手可以基于自家的销售情况,选出消费者最在意的3~5个维度,根据这些维度对商品快速评分。不同维度之间还可以设定不同的权重,加权赋分后制定具体选款策略。可参考的维度有时尚度、竞争力(销量)、大众接受度、价格、版型等。

快速选款评分表(示例)

维度	商品1	商品2	商品3	……	评分与加权标准(自定)
时尚度	4	1	3		
销量	2	3	4		
大众接受度	2	4	5		
价格	4	2	3		
版型	5	3	3		
……					
总分	17	13	18	……	

80% 销量

20% 核心款

爆品的选款预测

对于店中的销量爆品，可以在快速评分基础上，制作更为详细全面的评分表。在选款时，可以根据这一评分表预测某一单品成为爆款的可能性。更详细的评分表可以参考如下几个要素：品牌、顾客接受度、版型、剪裁、面料、手感、色彩、设计细节、包装、可搭配性、场合要求、性价比、尺码、销售周期、仓储物流、供应链周期、市场推广难度等。

→ Table

爆款评分表 / 示例

商品 / 货号		评分							
维度	描述	0	1	2	3	4	5	加权	总分
品牌		●							
顾客接受度					●				
面料				●					
手感				●					
剪裁			●						
版型 整体									
领型					●				
袖型						●			
衣长					●				
色彩				●					
细节				●					
包装						●			
可搭配性					●				
场合						●			
性价比				●					
尺码					●				
销售周期									
仓储				●					
供应链						●			
推广难度		●							
总分									

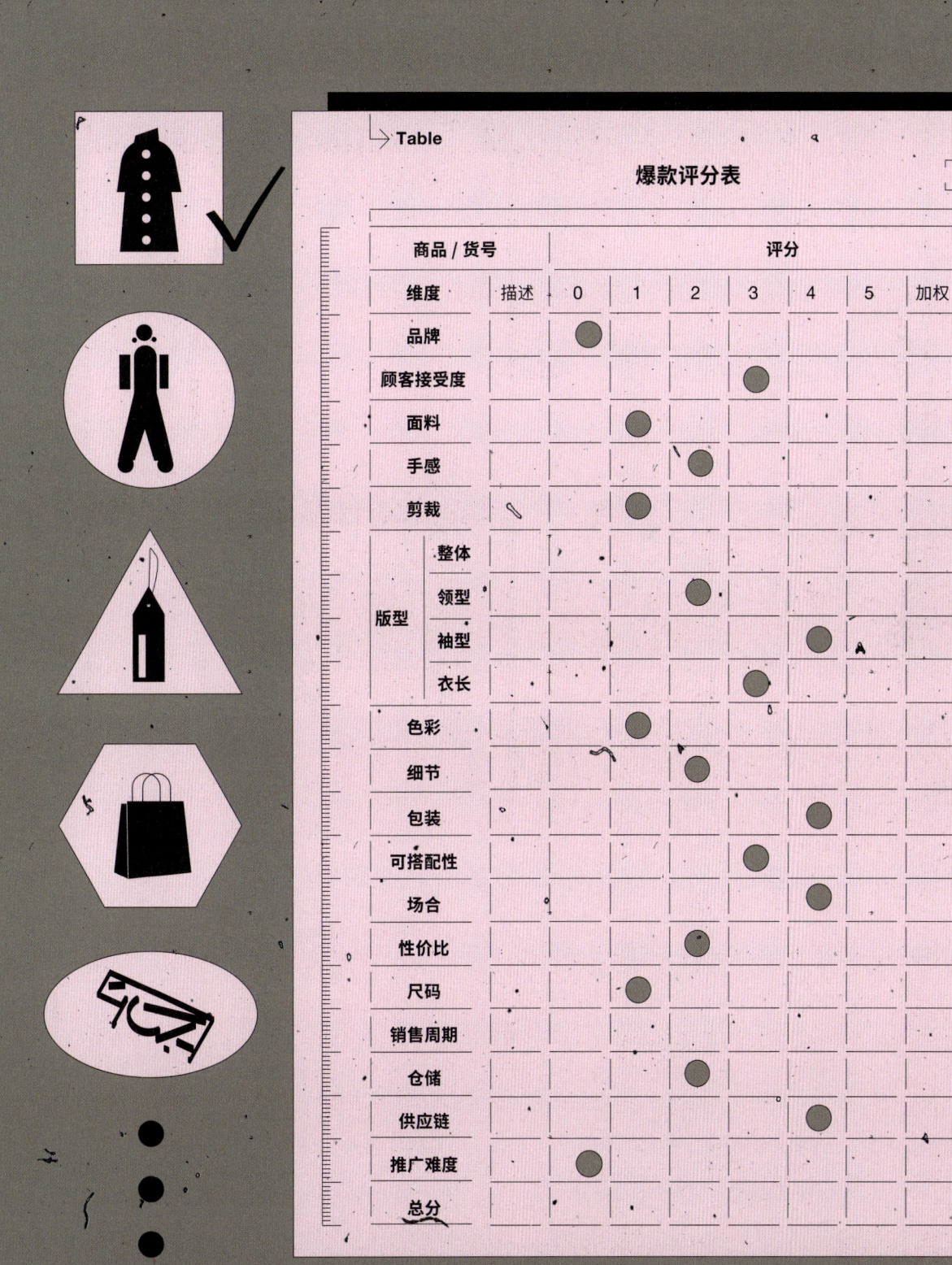

P 销售预测与分析指标

影响零售行业销售额的四个核心正向指标为流量、成交转化率、客单价、复购率。对于一家线下门店来说,又大致细化为自然客流量、进店率、成交转化率、客单价、连带率、复购率六个指标,在正式开启经营前后,可按日、月、季度、年份进行数据预测与复盘,及时发现问题,有针对性地进行优化。

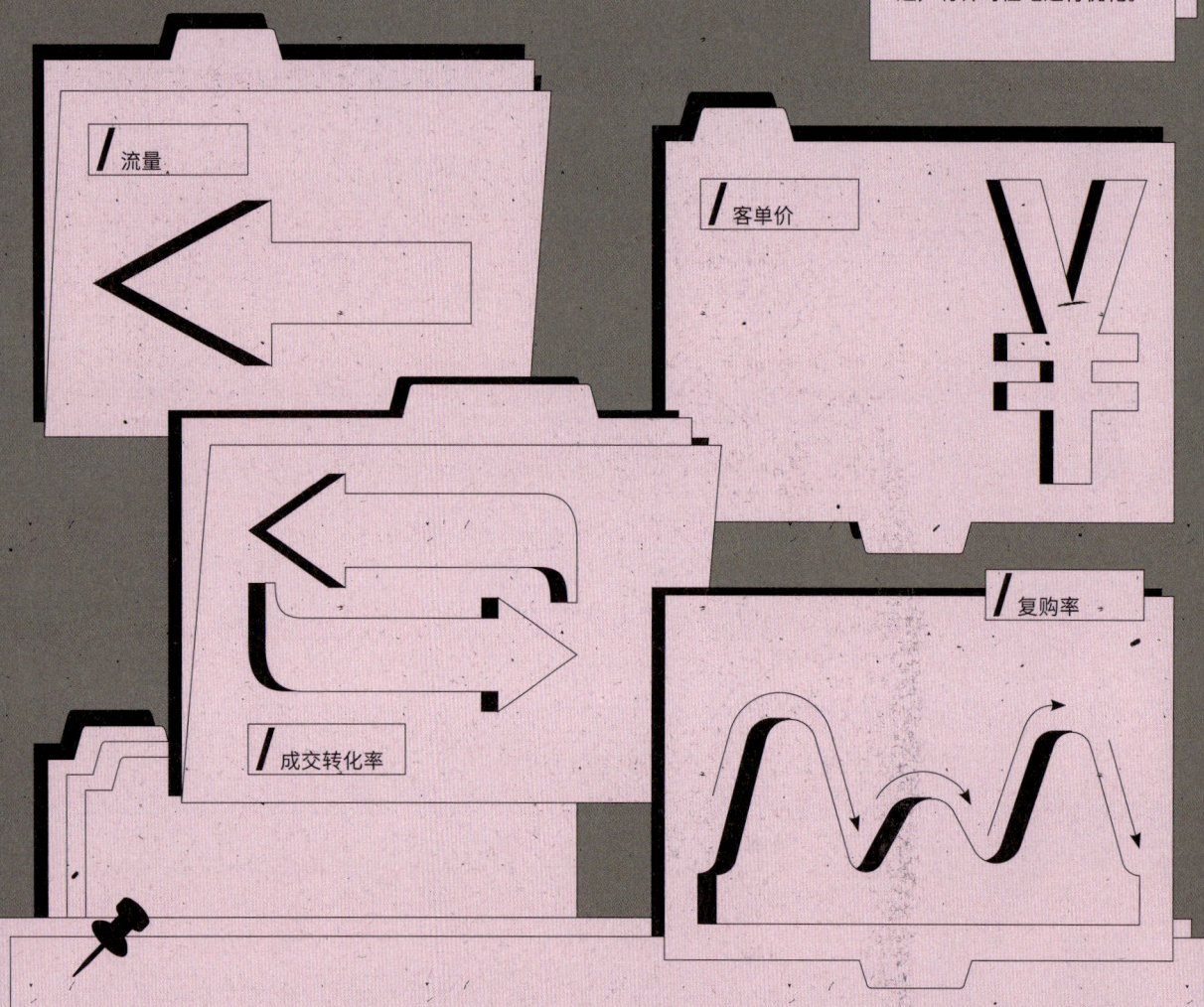

/ 流量

/ 客单价

/ 成交转化率

/ 复购率

a. 自然客流量 单位时间内经过商店门口的人数。与所在商圈人气、天气、节日等有关。

b. 进店率 单位时间内进入店铺内的客流量÷从店铺门口经过的客流量=进店率。与时间点、品牌知名度、门头装修等有关。

c. 成交转化率 成交人数÷进店人数=成交转化率。与商品质量、款式、定价、陈列、销售人员、促销活动等有关。

d. 客单价 总销售额÷总顾客数=客单价。指在一定时间内,每位顾客平均购买商品的金额。客单价=总销售额÷总顾客数。

e. 连带率 销售件数÷交易次数=连带率。反映顾客平均单次消费的产品件数。与商品组合、活动促销、销售人员等有关,其中,低客单价商品受前两者影响较大,高客单价商品受销售人员影响占比较大。

f. 复购率 所有顾客中,购买某商品的次数超过一次的顾客的比例。复购率越高,意味着顾客对该商品忠诚度越高。通常情况下,获取新客的成本远高于留存老顾客的成本,所以"复购"对品牌和店铺来说至关重要。其主要影响因素包括:会员体系、购买体验、售后服务、品牌认知、促销活动等。

规划OTB

库存是零售行业运营的支柱，尤其是对于SKU（Stock Keeping Unit，库存单位）数量较多的时尚买手店来说，糟糕的库存计划会严重影响销售，采买过多会造成库存积压，采买过少又易出现断货。为了解决这一问题，国外零售业推出了OTB（Open To Buy）概念。简单来说，OTB可以理解为"货品采买计划"，它是基于历史销售表现、当前库存情况、未来销售预期几大方面因素做出的综合判断。此外，因服装行业有明显的季节性和潮流性，影响OTB的因素更为复杂。我们这里以基础的通行公式为例，简要拆解这一概念涉及的考量指标。

Open To Buy 货品采买计划

▶ 历史销售表现　　▶ 当前库存情况　　▶ 未来销售预期

举例：
以 2024 年 1 月和 2 月销售情况为历史参考依据，在不考虑售罄率、存销比和季节占比的情况下，3 月的 OTB 计算方式为：OTB 金额 = 月销售期望金额 + 折扣期望金额 + 月末期望库存金额 − 月初库存金额。

历史数据	2024 年 1 月	2024 年 2 月
月销售金额（元）	¥500,000	¥600,000
月末库存金额（元）	¥100,000,0	¥400,000

月销售目标金额	3 月想要达成的全月销售金额
折扣金额	3 月内所有商品的折扣总额
月末库存金额	预计在 3 月末保留的库存总额
月初库存金额	3 月初可供销售的库存金额（即 2 月末库存金额）

OTB 估算　　2024/03

月销售期望金额（元）	¥ 800,000
折扣期望金额（元）	¥ 100,000
月末期望库存金额（元）	¥ 900,000
月初库存金额（元）	¥ 400,000
OTB 金额（元）	¥ 1,400,000

R 利用坪效调整陈列

坪效的计算公式为：当期总销售收入 ÷ 店铺使用面积，这一数据能反映商品密度、陈列、动线上的安排是否存在问题。经营者可以综合利用中岛式、曲线式与斜线/阶梯式等陈列方式，适时调整门店布局，提高坪效收益。

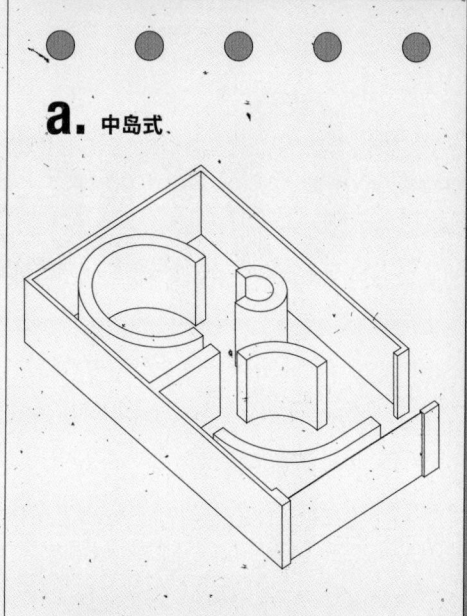

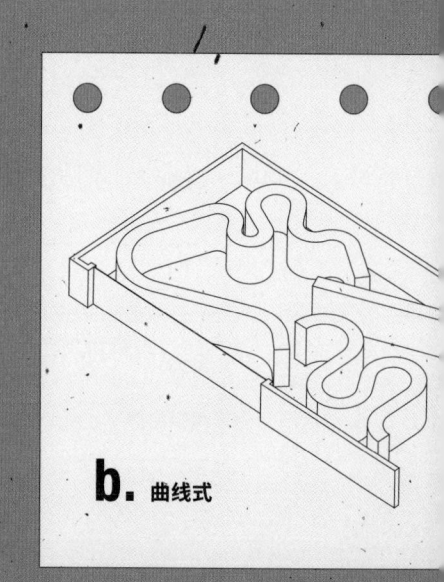

a. 中岛式

b. 曲线式

C. 斜线／阶梯式

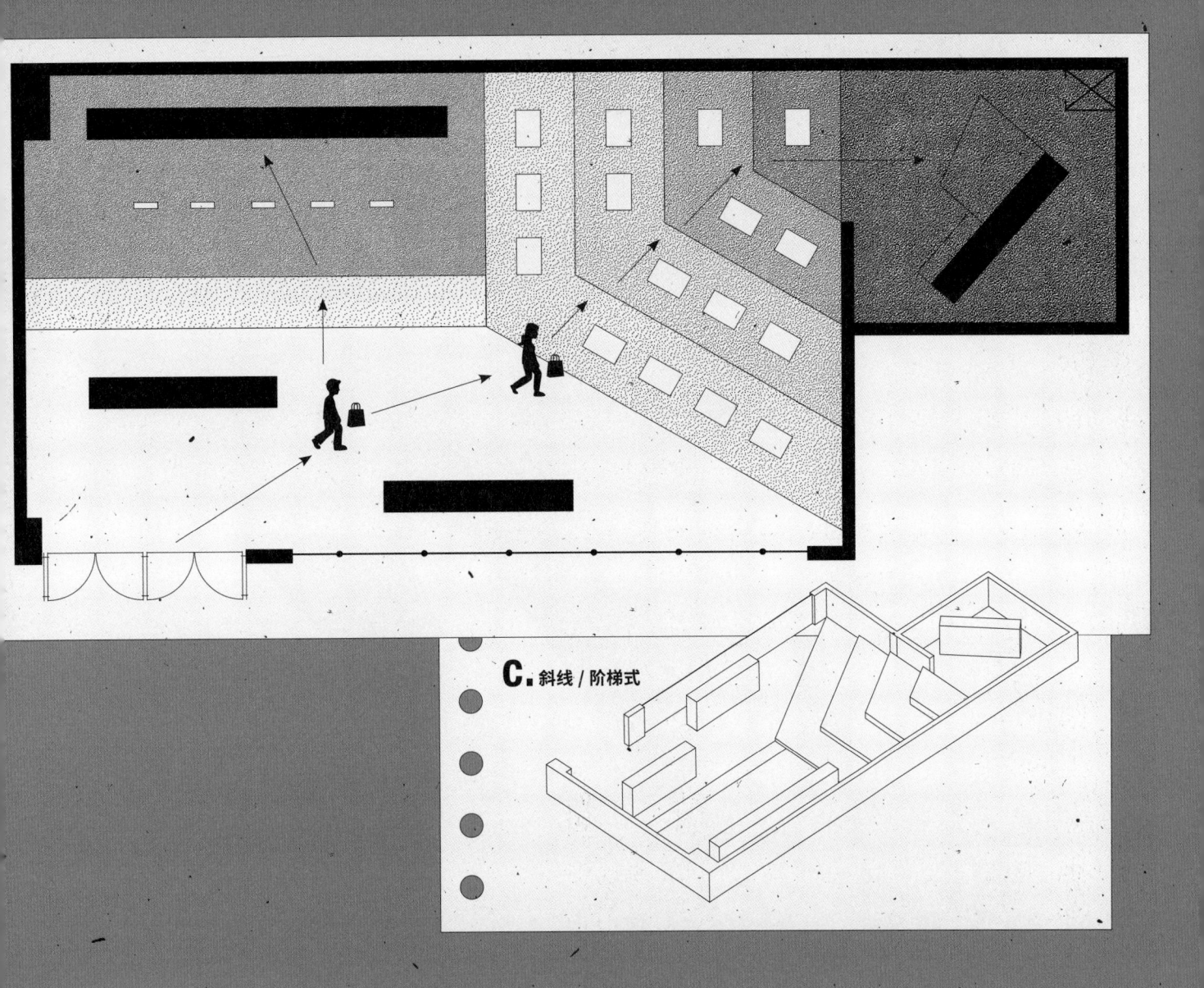

127　想开一家买手店 A to Z

制订商品企划

商品企划即不同时段的商品销售计划，包括商品类型、盈利预期、销量预期、定价。商品企划要在订货前制订，用来指导店铺系统化推出新品与管理库存。商品企划首先要设定经营的关键指标，如业绩、成本、毛利、库存等目标。再具体到某个商品，分析其销量数据与盈利能力，在利润率安全的前提下，动态调整款式与数量。

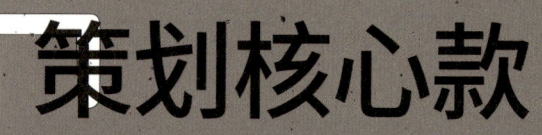

策划核心款

制订商品企划时要充分考虑到店铺核心款的打造。核心款不单纯等于销量上的"爆款"，也可以是对品牌知名度、美誉度、消费群拓展有战略意义的商品（常见如联名款、限定款、纪念款等）。经营者可根据不同阶段需求，有计划地提前布局核心款的上市时段、销售周期、陈列位置、推广策略等。

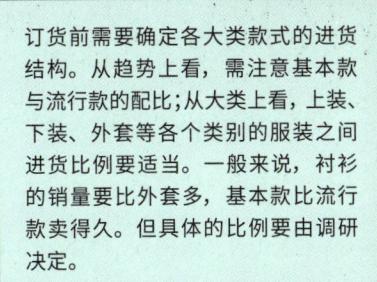

大类结构企划 J

订货前需要确定各大类款式的进货结构。从趋势上看,需注意基本款与流行款的配比;从大类上看,上装、下装、外套等各个类别的服装之间进货比例要适当。一般来说,衬衫的销量要比外套多,基本款比流行款卖得久。但具体的比例要由调研决定。

大类	趋势周期	标价	款式1数量	款式2数量	总SKU量	采购预算	平均单品采购量	平均毛利	目标销量	采购占比
衬衫	短流行									
	基本款									
	时尚款									
短裙	短流行									
	基本款									
	时尚款									
合计										

V 订货会与Showroom

买手主要通过时装周、展会之后的订货会来了解行情并采购时装。参加订货会前，需要制作好商品企划、销售预测与采购预算。不同品牌通常分布在不同的Showroom（产品展示间），买手通常会在短时间内奔走于多个Showroom，合理规划行程安排也很重要。

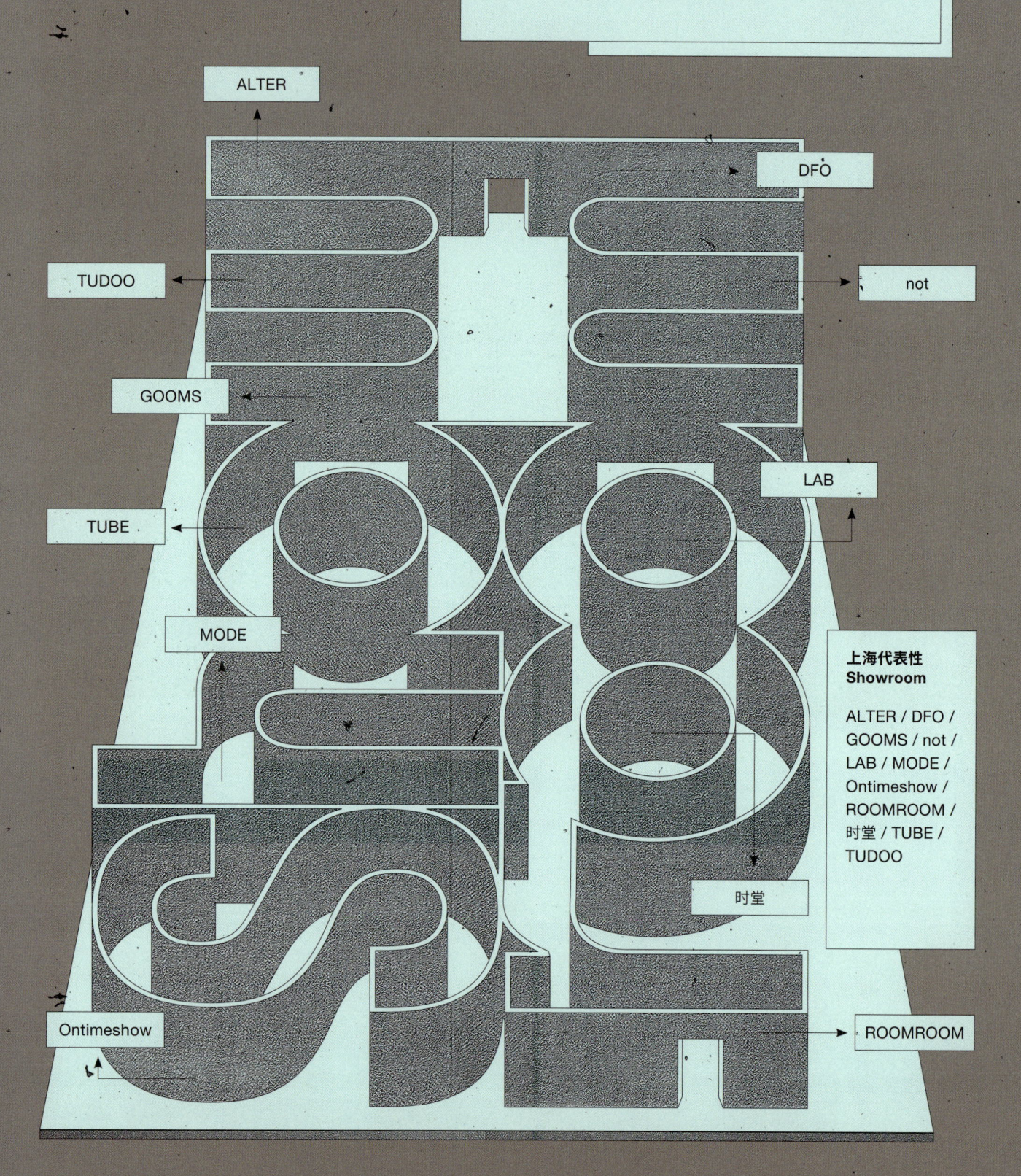

ALTER

DFO

TUDOO

not

GOOMS

LAB

TUBE

MODE

上海代表性 Showroom

ALTER / DFO / GOOMS / not / LAB / MODE / Ontimeshow / ROOMROOM / 时堂 / TUBE / TUDOO

时堂

Ontimeshow

ROOMROOM

下单与跟进 W

品牌方通常会发放订货工具给经营者，包括订单表、产品目录册、价目表等。综合比对货品后，可以开始填写订单草稿，依照具体款式填写总数量。之后从上市日期、结构大类、零售价格等方面对订单进行汇总，与商品企划比对做出细节调整，并计算目标利率。下好订单后，买手需及时跟进订单的变化，调整上市与销售计划。

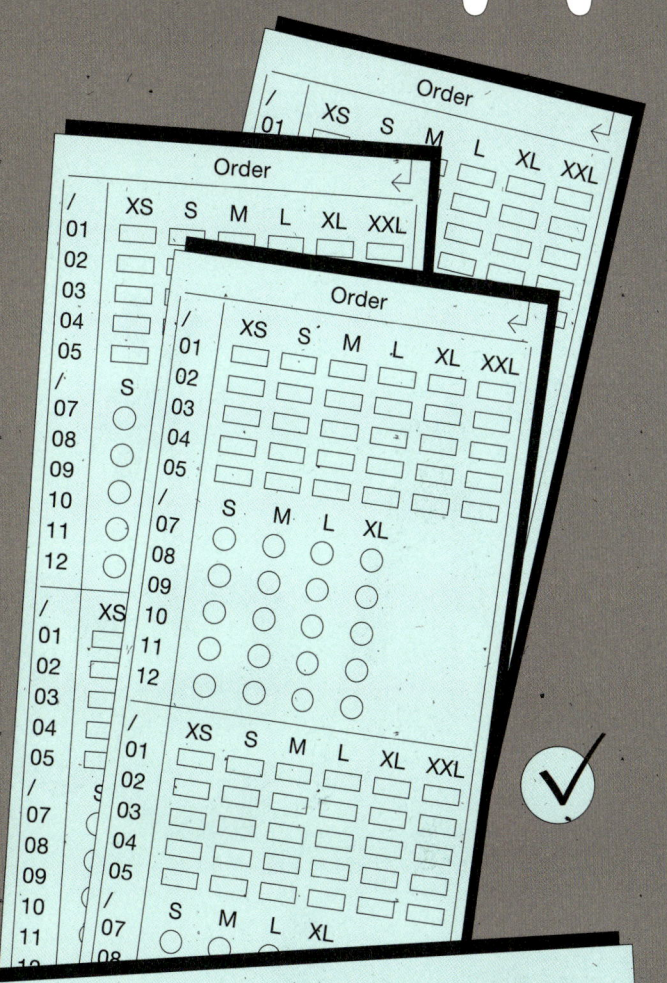

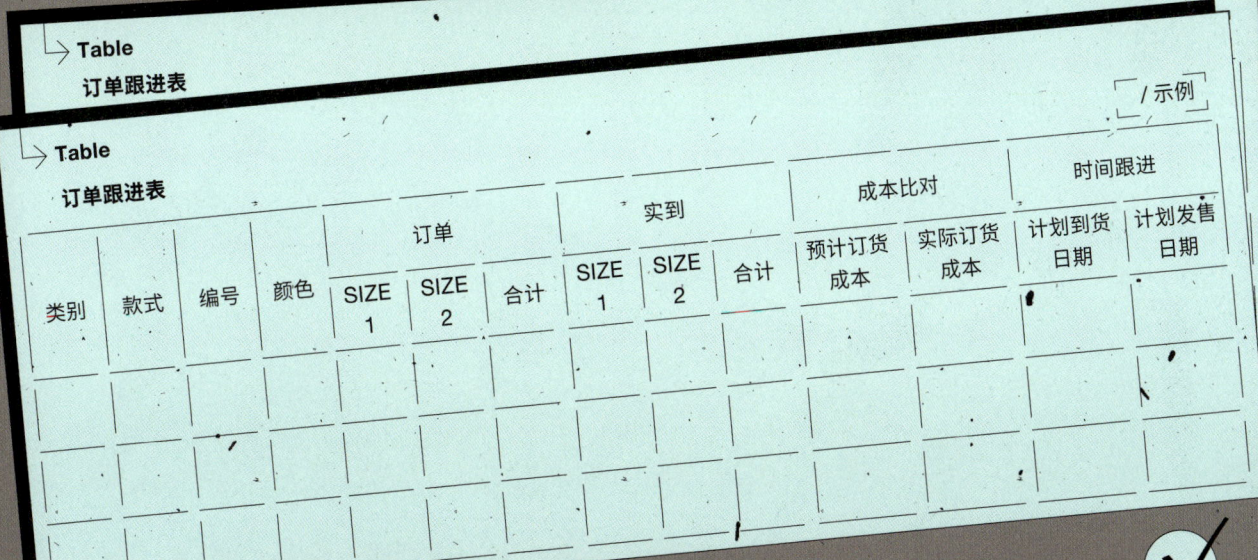

→ Table
订单跟进表

类别	款式	编号	颜色	订单 SIZE 1	订单 SIZE 2	合计	实到 SIZE 1	实到 SIZE 2	合计	预计订货成本	实际订货成本	计划到货日期	计划发售日期

X 上市波段与折扣

由于服装生产周期较长,经营者应在订货时设定"快速反应款",满足多个波段的新品上市需求。另外,大促之后通常是销售低谷,可以间隔几周后再上架新品;或是在大促结束后,依据成本收回的情况,为滞销款设定二次折扣,加快库存周转。

除了通过传统时装周与showroom渠道建立与各品牌的联系,也有越来越多买手和经营者选择在社交媒体挖掘更新锐、更小众的品牌,甚至是尚未形成品牌,仅推出了某个系列或单品的设计师。他们的商品通常无法支撑充足的货量,不会带来"爆款"的高额利润,但对于一家买手店建立自身独特性来说有很好的加成作用。

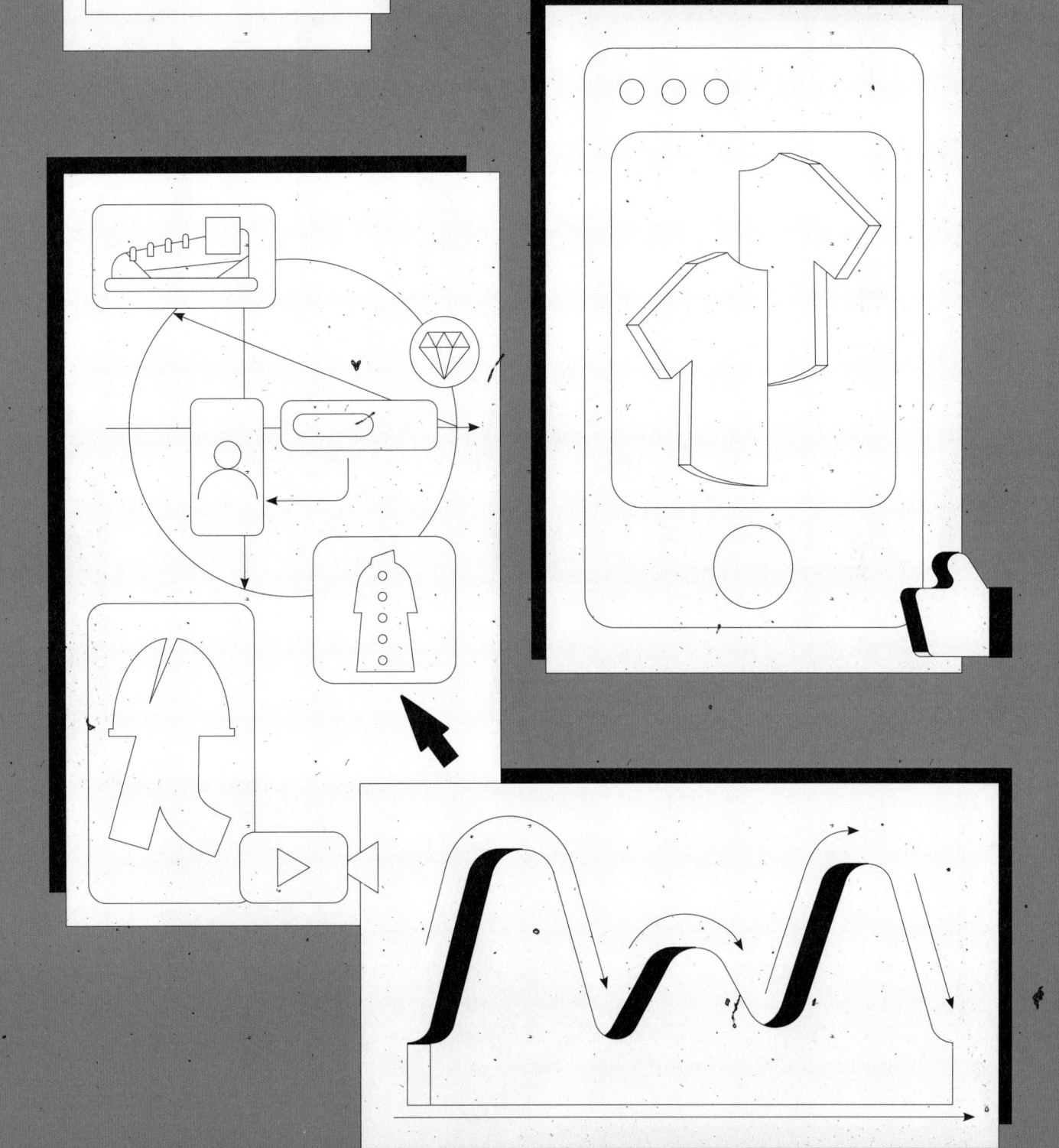

品牌与设计师资源 Y

营销与运营

运营社交平台，首先需考虑不同平台的用户特征，根据自身顾客定位选择主要平台。相较于其他零售模式，买手店的个性化让其天然具有"小众"特性，在营销上需要聚焦精准人群，没有必要广撒网式"买量"。此外，以较长的时间尺度看，会员体系具有很高的性价比，对于营销预算有限的初创店铺来说，尤其需要在这一方面投入精力。

Section 3　开店启示录

买手与买手店 FAQs

快问快答 FAQs
about (编辑部) ＊
Eric / Kidult / Vicky

Eric

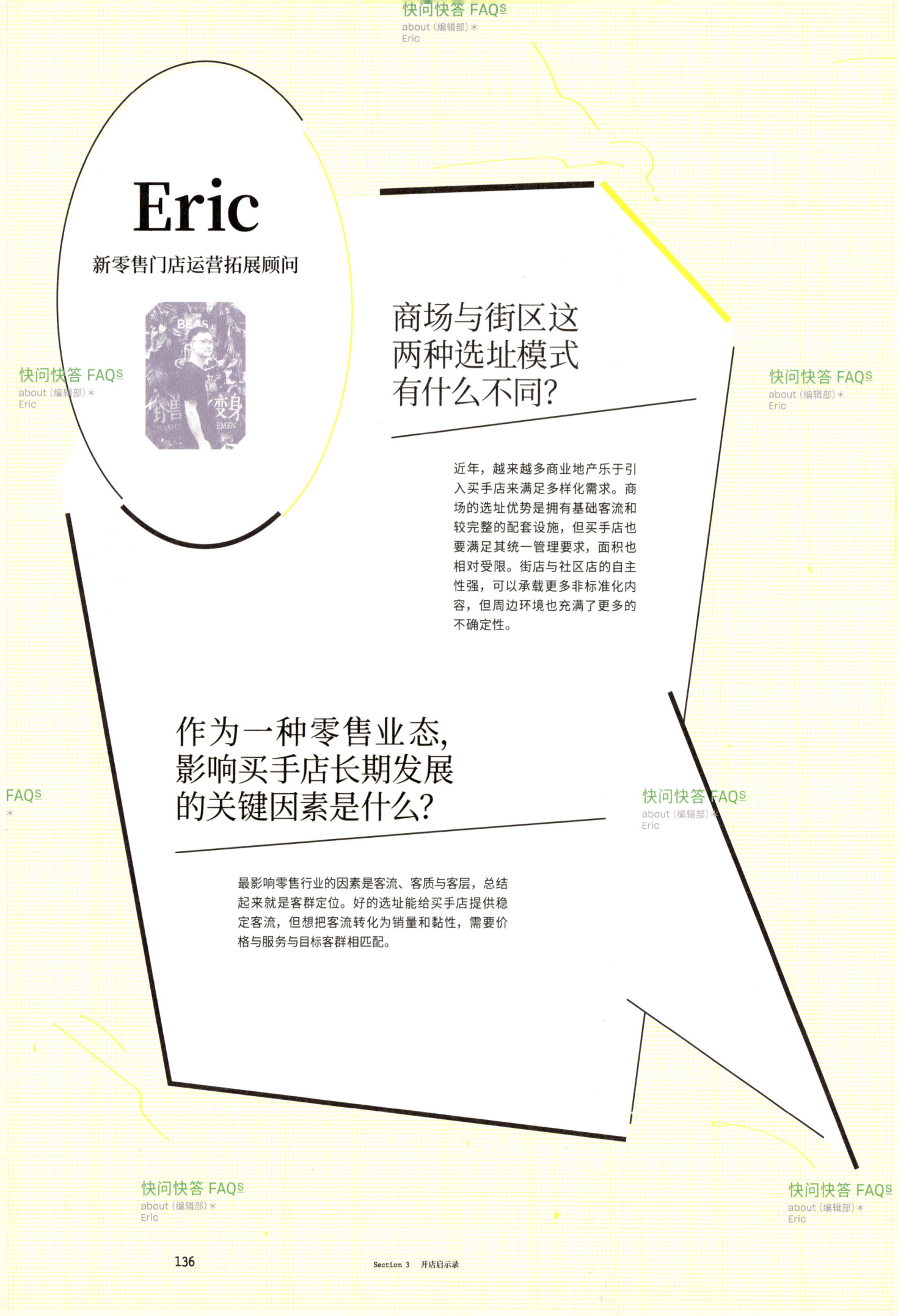

新零售门店运营拓展顾问

商场与街区这两种选址模式有什么不同？

近年，越来越多商业地产乐于引入买手店来满足多样化需求。商场的选址优势是拥有基础客流和较完整的配套设施，但买手店也要满足其统一管理要求，面积也相对受限。街店与社区店的自主性强，可以承载更多非标准化内容，但周边环境也充满了更多的不确定性。

作为一种零售业态，影响买手店长期发展的关键因素是什么？

最影响零售行业的因素是客流、客质与客层，总结起来就是客群定位。好的选址能给买手店提供稳定客流，但想把客流转化为销量和黏性，需要价格与服务与目标客群相匹配。

快问快答 FAQs
about（编辑部）＊
Eric

你如何看待买手店在"保持风格"与"迎合市场"二者间的矛盾？

买手店关店的原因一般都是现金流不健康。只有保证货品的库存周转是良好的，才能不断进货卖货，形成稳定的资金流转。如果选品很有风格，但没有市场，资金都被压在库存上，最终会把一家店拖垮。

当然，有些买手店拥有自己的背景与强劲审美，但本质上还是基于相互认同的小群体的青睐。事实上这不是风格与市场的冲突，是大众需求与小众需求的区别。

快问快答 FAQs
about（编辑部）＊
Eric

主理人如何选择产品运营策略？

这是一个道与术的关系。无论是何种运营策略，最终都是需求导向的，只有满足消费者的需求才有生命力。对于一个买手店品牌来说，在当前的市场环境下，相比于创造某种需求，更为重要的是满足需求。

快问快答 FAQs
about（编辑部）＊
Eric

买手店应如何利用线下零售的优势？

线下零售的一大特点是，顾客可以在短时间内接触到非常多的产品，表达真实感受和需求。优秀的买手店会特别注重用户反馈，并将之反馈到生产侧，利用中国的供应链优势，让更多环节落在自己的操控能力之内。也就是下游影响上游。

快问快答 FAQs
about（编辑部）＊
Eric

Kidult

资深时尚买手

简单描述一下你在订货会的工作状态。

多品牌买手店的买手主要参加时装周之后的订货会。我去米兰和巴黎比较多，一次行程对接 50 ～ 60 个品牌，平均一天要排 6 ～ 8 个品牌的买货。巴黎的 showroom 主要集中在 3 区的一个区域内，但每个品牌有各自的时间段，订货当天要在不同 showroom 之间来回跑。

订货前通常要做哪些准备工作？

时装周的订货会要提前预约，有一些门槛。对接人会询问买手来自哪家店，售卖哪些品牌，预算有多少，未来的规划如何等。买手一般在订货前要规划好陈列架数、能选购多少 SKU、具体的类别结构，再在现场根据品牌以往的售罄率和发展趋势选择订货。

大公司雇用的买手和自己开店的买手在工作上有哪些不同？

专职买手主要考虑售罄率。对于公司来说，一个买手能选到别人都没有的货，但一件都没有卖出去，这并不能称为好的买手。而自己做主理人的买手在风格上有更多的选择权。

快问快答 FAQs
about（编辑部）＊ Kidult

能体现买手专业度的关键能力是什么？

品牌的选择。买手在订货会上能见到的品牌大差不差，但有远见的买手总能选出最终走红的品牌，这十分考验买手对市场的理解。更何况有些品牌只在自己的showroom里展示，在别处是看不到的，视野差一些的买手可能就会错过这些品牌。而好的买手总是能了解到全球买手店都在卖什么，从无数的选择里发掘出那些真正有潜力的品牌。

去法国参加订货会要学法语吗？

不需要，时装周和订货会主要用英语交流。毕竟品牌是提供服务的，有些订货会也支持汉语交流。

快问快答 FAQs
about（编辑部）＊ Kidult

买手行业常用词汇

百货式买手店 ❶
即纯买手制，是最传统的买手店经营模式，依靠专业的个人买手或买手团队在一定范围内选择适合本地顾客审美与消费习惯的商品，打造买手店独有的商品组合。大型的百货式买手店一般采用中央买手制，雇用专业买手，独家买断。某些凭借自身审美倾向与时尚资源而开店的独立买手店也属于百货式。

代理式买手店 ❷
与品牌合作，拥有品牌代理权的买手店。买手店与品牌合作的方式有多种，包括售卖提成、股权参与、合资开店等。代理式买手店一般有丰富的品牌资源，市场应对较为灵活。

寄卖式买手店 ❸
寄卖式主要面向尚未成名的个人设计师，允许设计师在店中售卖当季最新作品，并从中抽取一定的销售提成。季末滞销的商品也可以退回设计师。寄卖式买手店销售与库存的风险相对较小，但对主理人的时尚视野与设计师资源要求较高。

时装周 ❹
时装周是通常持续一周的时尚行业活动，服装设计师与品牌在时装周向买家与媒体呈现最新的时装系列，并形成一定时间内的流行趋势。时装周通常每年举办两次，即春夏季（SS）与秋冬季（AW），一般在时尚行业与服装设计较为发达的城市举办。国际最有影响力的是纽约、伦敦、米兰与巴黎"四大时装周"，其中，高级定制展只在巴黎时装周举行。

快问快答 FAQs
about（编辑部）＊ Kidult

买手与买手店 FAQs

快问快答 FAQs
about (编辑部) *
Kidult

Showroom ⑤　时尚行业内的 showroom 指一个专门用来展示、交易时装商品的空间，是沟通设计师与买手的重要平台。通常有自己的场地并长期运营，对时装周做出补充。

订货会 ⑥　订货即具体采购下单的流程，订货会便是品牌或 showroom 召集经销商与买手统一订货的集体大会。参加订货会是买手最为核心的工作内容之一，订货会上做出的订单质量直接决定买手店的销售预期

SKU
Stock Keeping Unit

最小存货单位。用来统计单款商品的数量的计量单位。

Linesheet

选款单。订货会上向买手介绍 SKU 信息的文档，包含单款商品的面料、款式、尺码、订单价、建议零售价等信息。

Lookbook

印有整个系列所有 SKU 照片的视觉图册。一般包含模特试穿照片，以更好地呈现商品风格搭配与穿着效果。

MOQ
Minimum Order Quantity

最小起订量。规模较大的品牌一般有最低订货量的要求，达不到 MOQ 的订单可能会被作废。

WS
Wholesale

渠道价。商品进入零售渠道时的价格。可以理解为买手订货时的进货价。

RP
Retail Price

零售价。订货单上的 RP 一般是提供给买手的建议零售价，或商品吊牌价。

EX works

指不含税。海外订货单若在价格后标记（EX works），则表明商品进出口产生的相关税费由买家承担。

**Deposit /
Prepayment**

定金 / 预付款。订货单上通常用这两个词表示订货时需要买手预付的费用。

Balance

待付款。订单交付时待结算的尾款。

Invoice

费用清单。订单确认后卖家提供的完成清单，记录买家订单所包含的商品数量及需支付的各类款项。货品运输、清关时可能会要求买家提供 invoice。

CIF
Cost Insurance and Freight

成本费、保险费与运费。通常由卖家承担。

**Media /
Press Kit**

媒体曝光汇总。即订货时提供给买手的商品曝光信息，包含一件商品被哪些媒体报道、参加过哪些秀场、有哪些名人或 KOL 带货等与营销相关的信息汇总。

**Dealer /
Wholesale**

经销商。指品牌认可的，有经销名下商品权利的零售渠道。代理式买手店大多是某些长期合作的品牌的经销商。

**Online / Offline
Exclusivity**

线上 / 线下独家代理商。指品牌认可的，有排他性的代理渠道。

Distribution Channels

发售渠道。有些卖家会要求买手提供订单商品可能在哪些渠道被销售，如小程序、网店、买手店等。

Vicky
SND 买手店区域运营经理

买手店营销最基础的逻辑是什么？

非常纯朴的目的——销售商品。需要清晰了解未来的趋势是什么，市场的消费需求是什么，对下一季的品牌组合如何转变有确定的规划。

怎样开拓外部的品牌资源？

跨区域门店合作可以选择店中店的快闪模式，能有效地提升买手店品牌的知名度。也可以长期关注各行各业的人才，摄影师、艺术家、DJ与平面设计师，与他们合作，拓展买手店能呈现的内容。

连锁店的各门店如何做出区分度？

方法有很多，常用的一种是适度保留原貌。比如我们有家店选址在一个历史保护建筑内，不太允许改动建筑结构，于是选择了一家在道具上很有经验的工作室来做设计，最终的效果也实现了概念与现实互动的门店特色。

买手店品牌的线上与线下流量如何互动？

可以让线上店铺与线下店铺面向不同人群，线上很多人是随机刷到我们店铺的，而线下活动更多面向具体的社群与粉丝。

快问快答 FAQs
about（编辑部）∗
Vicky

买手店推广的主要困难有哪些？

能高频次推出市场活动的买手店并不多，维持外部合作会占用相当多精力，需要成熟专业的市场营销团队来应对。小规模的买手店可能会在这方面比较吃力。

2023 年 SND@HAUS SHANGHAI 与巴黎创意工作室 PZtoday 合作的超市主题快闪现场。

精神情绪板
Cultural Snacks

Regular

本次"书影音"没有主题限制，均为买手店主理人的私人分享。

TA 们是：

乌云装扮者
Jetlag Books 主理人

"Jet-lag"是"时差综合征"的意思，字面理解，这是一个和旅行有关的书店。实际上也是以此出发，售卖全球杂志、旅行相关文学和画册的地方；而书店的诞生，也是旅行驱动的，即想要在北京拥有一家可以接待全球旅行者的独立书店。

雅子
牙子家家 YAZIHOME 主理人

牙子家家收集来自世界各地的中古器物，是一个以中古家饰为始的生活方式品牌。品牌坚信时间的手是浪漫且迷人的，因为它塑造的是跨越时空的回应。

KaleidoJazzlegs
fRUITYSHOP 上海店店长
DJ

fRUITYSHOP 是中国顶尖唱片店和音乐文化品牌，2013 年诞生于北京，专注于黑胶唱片和相关文化产品。fRUITYSHOP 独特的唱片收藏选品和对音乐文化的承诺，吸引了众多音乐爱好者前来交流，使得其成为极具凝聚力的音乐文化集散地。

Book 书

《无极形》
Apeirogon

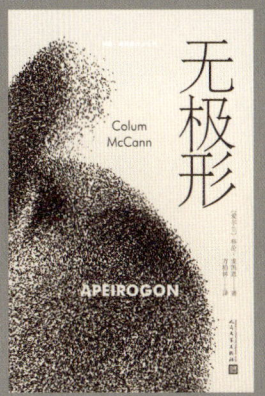

2022

著
[爱尔兰] 科伦·麦凯恩

译
方柏林

人民文学出版社

简介

《无极形》首次出版于 2020 年，故事主角是现实生活中存在的两个人：以色列人拉米、巴勒斯坦人巴萨姆。从种族到宗教，从领土到车牌的颜色，这两人原本处于对立的两极，直到他们都失去了自己的女儿。拉米的女儿斯玛达尔 14 岁时在自杀式爆炸袭击中丧生，巴萨姆的女儿阿比尔则在学校外被以色列边境警察射出的橡皮弹击穿后脑勺。悲伤让这两人成为朋友，而他们为女儿"复仇"的方式，就是大声讲述，呼唤和平。

推荐理由（乌云装扮者）

在巴以冲突背景下，当代最难得的文学著作之一。实际上是中文版编辑索马里亲自向我推荐，认为"对你的写作或许也有启发"。结果是刚翻开就会感到震惊的程度：科伦·麦凯恩在叙述上的重大尝试，拥有令人羞愧的技巧和天赋。即便只是许多关于鸟类的描述和科普，就让"加沙"成为一个距离可测的地理概念，而不只是别的意义上的。

Movie 电影

《完全和平手册》
ピース
2011

导演
[日] 想田和弘

简介
什么是和平？什么是共存？它们的基础是什么？本片是一部视觉散文式的观察纪录片，通过记录冈山市人与猫的日常生活，来思考生命与死亡，接受与拒绝交织而成的人生谜题。"观察电影"起源于20世纪60年代的美国，隶属于被称为"直接电影"的纪录片运动。其核心特点是剔除了旁白和字幕等附加元素，直接呈现真实世界的影像和声音，减少影片制作者对观众观感的干预。

推荐理由（雅子）
看想田和弘的片子，有些像喝茶，相比汽水酒饮，初觉寡淡无味，但如若调集情绪，细品之下，余音绕梁，后劲悠长。中日文化交融许久，观看《完全和平手册》，既像是在照镜子，又像是坐着时光机，参观未来的我们在年老之时，将如何面对生活的种种。

《坠落的审判》
Anatomie d'une chute
2023

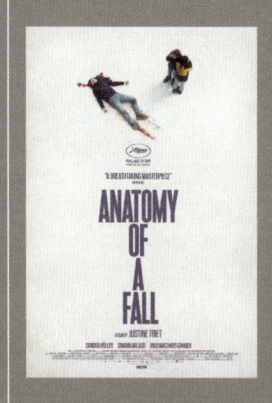

导演
[法] 茹斯汀·特里耶

简介
名为 Sandra 与 Samuel 的夫妇二人，和他们视力有障碍的儿子 Daniel 已在偏远山区生活一年时间。某日，丈夫 Samuel 被发现在自家屋外死亡，警方立刻对此展开调查。很快，妻子 Sandra 被锁定为嫌疑目标。但这当真是起谋杀吗？在剥茧抽丝般的层层审问之下，又将浮现出怎样的婚姻与人生真相？本片于 2023 年获得第 76 届戛纳电影节主竞赛单元金棕榈奖。

推荐理由（雅子）
导演构思非常精巧，叙事结构宛如欧洲版当代"罗生门"。"坠落"的行为本身不过是石头落入水中的某个瞬间。导演手持导筒，逐个镜头勾画周遭世界的层层涟漪。所有与生活相关的议题，都是颜料，被精心搅拌在一起。观众若只关注其局部笔触，则会立刻陷入迷乱。而最终每个人"看到"或解读的事实，也仅仅属于自己，想彻底还原真相似乎是不可能的。

Music 音乐

Sim Sim Sim
2022

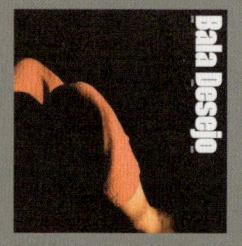

表演者
Bala Desejo

简介
Bala Desejo——欲望子弹，又或者欲望糖果。不论翻译成子弹还是糖果，都和这一小队人的韵味相符。四名色彩斑斓、颇具天赋的年轻人站在里约热内卢艺术复兴的前沿，首张融合多种音乐类型的专辑 Sim Sim Sim 已经获得拉丁格莱美奖的殊荣。

推荐理由（KaleidoJazzlegs）
这张专辑的歌曲讨论人类与自然的关系，并诠释欲望。对自由的向往随着 20 世纪 60、70 年代唯美且迷幻的巴西旋律源源不断流淌出来。奇特的是它听起来并不老派。很希望能看到他们的现场。

FLY or DIE LIVE
2021

表演者
Jaimie Branch

简介
FLY or DIE LIVE 是 Jaimie Branch 于 2020 年 1 月在瑞士苏黎世的现场演奏录音。当时正处于一场灾难爆发之际。仿佛是预演了这席卷人类的灾难要带来的无法抹去的难一般，Jaimie Branch 的演绎极富层次和冲击力。本专辑由当代爵士先锋推广厂牌 International Anthem Recording Company 发行。

推荐理由（KaleidoJazzlegs）
能量，极大的能量。自由爵士的演奏和前卫朋克的精神形成一个界。乐队与现场观众之间的共振层层增强，引爆这场演出中很多短暂但冲顶的瞬间。FLY or DIE LIVE 让现场变成了一种生存的挣扎。

First Home : Remixes
2023

表演者
TC & The Groove Family

简介
这是一张由 Blue Lab Beats、NikNak 等音乐人为专辑 First Home 制作的混音 EP。原版专辑 First Home 是一张带着浓郁 Afrobeat 味道的当代爵士乐作品，由英国十人乐队 TC & The Groove Family 创作和演奏，Tom Excell 制作，发行于英国独立厂牌 Worm Discs。

推荐理由（KaleidoJazzlegs）
作为受到 Hip-Hop 时代影响的 DJ，有探索一首曲子不同版本的习惯。所以经常在看到 Remix 字样的时候都想要听听看，特别是在很喜欢原曲的基础上。曾有一天在店里播放 First Home 的原版专辑，短短一张专辑的时间卖了 3 张，可见魅力之大。这一版的 First Home : Remixes 混音延续了它的能量，并将其变成了一张包含 Drum n Bass、Dubstep、Broken Beat、Deep House 的电音佳作。白标，仅压制了 100 张，全部手工盖章，每张都是独一无二的。

在这里可以找到(aboüt)

城市 北京

店铺

单向空间
- 檀谷店
- 郎园 Station店

PAGEONE
- 北京坊店
- 三里屯店
- 五道口店

钟书阁
- 麒麟新天地店
- 融科店

西西弗书店
- 蓝色港湾店
- 来福士店
- 龙湖长楹天街店
- 国贸商城店
- 国瑞购物中心店
- 凯德晶品购物中心店
- 望京凯德MALL店
- 西直门凯德MALL店
- 颐堤港店

言 YAN BOOKS

方所

城市 深圳

店铺

茑屋书店、TSUTAYA BOOKSTORE
- TSUTAYA BOOKSTORE 深圳中洲湾店

钟书阁
- 欢乐港湾店

深圳书城
- 罗湖城店
- 南山城店
- 中心城店

中信书店
- 宝安机场T3店

城市 上海

店铺

博库书城
- 环线广场店

香蕉鱼书店
- 红宝石路店
- M50店

钟书阁
- 绿地缤纷城店
- 松江泰晤士小镇店

中信书店
- 仲盛店
- 长阳创谷店

茑屋书店、TSUTAYA BOOKSTORE
- 上海上生新所 茑屋书店
- 上海前滩太古里 茑屋书店
- TSUTAYA BOOKSTORE 上海MOHO店

西西弗书店
- 北外滩来福士广场店
- 宝杨路宝龙广场店
- 长风大悦城店
- 复地活力城店
- 华润时代广场店
- 虹口龙之梦店
- 晶耀前滩店
- 金桥国际店
- 凯德晶萃广场店
- 闵行龙湖天街店
- 南翔印象城MEGA店
- 浦东嘉里城店
- 七宝万科广场店
- 瑞虹天地太阳宫店
- 上海大悦城店
- 松江印象城店
- 世茂广场店
- 万象城吴中路店
- 新达汇·三林店
- 月星环球港店
- 中信泰富万达广场嘉定新城店
- 正大广场店

城市	店铺
西安	方所 茑屋书店、TSUTAYA BOOKSTORE 西安迈科中心 茑屋书店
秦皇岛	单向空间 阿那亚店
重庆	钟书阁 中迪广场店
青岛	方所 茑屋书店、 TSUTAYA BOOKSTORE TSUTAYA BOOKSTORE 青岛海天MALL店

城市	店铺
台州	STORY书店
沈阳	中信书店 K11店
天津	茑屋书店、 TSUTAYA BOOKSTORE TSUTAYA BOOKSTORE 天津仁恒伊势丹店

城市 杭州

店铺

茑屋书店、TSUTAYA BOOKSTORE
杭州天目里 茑屋书店

博库书城
西湖广场店

外文书店

单向空间
良渚大谷仓店
乐堤港店

城市 成都

店铺

皿口一人
DOOGHOOD野狗商店

茑屋书店、TSUTAYA BOOKSTORE
TSUTAYA BOOKSTORE
成都仁恒置地广场店

钟书阁
融创茂店
银泰中心in99店

城市	店铺	城市	店铺
海口	二手时间书店	温州	温州书城
昆明	璞玉书店	武汉	无艺术书店
南昌	钟书阁 红谷滩区时代广场店	长沙	不吝BOOLINK
宁波	宁波书城	烟台	钟书阁 朝阳街店
大连	中信书店 和平广场店	郑州	DOOGHOOD野狗商店

城市
广州
店铺
方所
脏像素书店
钟书阁
　　永庆坊店

城市
佛山
店铺
先行图书
　　垂虹路店
　　环宇店
钟书阁
　　ZA32店
单向空间
　　顺德ALSO店

线上
购买方式
淘宝
天猫
当当
京东
小红书

🔍 about关于

图书在版编目（CIP）数据

想开一家买手店 / 小红书编 . -- 北京：北京联合出版公司，2024.6（2024.9重印）
（about 关于）
ISBN 978-7-5596-7635-1

Ⅰ.①想… Ⅱ.①小… Ⅲ.①文化艺术-通俗读物 Ⅳ.①G0-49

中国国家版本馆 CIP 数据核字 (2024) 第 103300 号

本书中文简体版权归属于银杏树下（北京）图书有限责任公司。

免责声明

本书所列产品均为受访者与编者的私人物品，包含个人想法，目的是就章节所述的主题提供翔实的素材。受访者、编者和出版商不会在书中提供产品推荐等各类型的商业服务。

在试用书中所列产品、进行书中介绍运动前，请听取专业人士建议，并在保证自身安全情况下根据实际情况尝试。受访者、编者和出版商明确表示，对于因使用或应用本书内容而直接或间接产生的相关责任、损失或风险，不承担共同或个别责任。

about 关于：想开一家买手店

编　　者：小红书
选题策划：后浪出版公司
出 品 人：赵红仕
出版统筹：吴兴元
特约编辑：俞凌波
责任编辑：周　杨
营销推广：ONEBOOK

北京联合出版公司出版
（北京市西城区德外大街83号楼9层　100088）
天津裕同印刷有限公司印刷　新华书店经销
字数 384 千字　889 毫米 ×1194 毫米　1/16　9.5 印张
2024 年 6 月第 1 版　2024 年 9 月第 3 次印刷
ISBN 978-7-5596-7635-1
定价：88.00 元

后浪出版咨询(北京)有限责任公司　版权所有，侵权必究
投诉信箱：editor@hinabook.com　fawu@hinabook.com
未经书面许可，不得以任何方式转载、复制、翻印本书部分或全部内容
本书若有印、装质量问题，请与本公司联系调换，电话 010-64072833